满足 STCW 公约标准下的中国特色
高素质船员培养路径

马希才　著

哈尔滨工程大学出版社
Harbin Engineering University Press

内容简介

本书主要包括两部分内容:第一部分通过梳理总结新时代党和国家对青年工作以及大学生成长成才的新要求、国际航运事业发展的新趋势、STCW公约对船员教育的规定性要求等内容,在实地调研在校大学生学情以及行业、企业需求的基础上,分析确定新时代"高素质船员"的内涵;第二部分在党和国家关于大学生人才培养系列文件的指导下,研究设计中国特色"高素质船员"的培养路径。

本书为船员教育、培训从业者提供了工作指南,尤其对船员教育、培训机构的管理者更具参读价值。

图书在版编目(CIP)数据

满足STCW公约标准下的中国特色高素质船员培养路径/
马希才著. —哈尔滨 : 哈尔滨工程大学出版社,2023.6
　　ISBN 978-7-5661-4007-4

　　Ⅰ. ①满… Ⅱ. ①马… Ⅲ. ①船员-职业教育-人才
培养-研究-中国 Ⅳ. ①U676.2

中国国家版本馆CIP数据核字(2023)第113310号

满足STCW公约标准下的中国特色高素质船员培养路径
MANZU STCW GONGYUE BIAOZHUN XIA DE ZHONGGUO
TESE GAOSUZHI CHUANYUAN PEIYANG LUJING

选题策划　雷　霞
责任编辑　张　彦　曹篮心
封面设计　李海波

出版发行	哈尔滨工程大学出版社
社　　址	哈尔滨市南岗区南通大街145号
邮政编码	150001
发行电话	0451-82519328
传　　真	0451-82519699
经　　销	新华书店
印　　刷	哈尔滨午阳印刷有限公司
开　　本	787 mm×1 092 mm　1/16
印　　张	9.75
字　　数	248千字
版　　次	2023年6月第1版
印　　次	2023年6月第1次印刷
定　　价	55.00元

http://www.hrbeupress.com
E-mail:heupress@ hrbeu.edu.cn

前　言

世界货物贸易中 90% 以上是通过海洋运输实现的,船员是海洋运输产业的传统职业,也是保障航运安全营运的核心职业。船员队伍的建设有力支撑了国民经济的快速发展,是我国海洋强国、海运强国战略建设的中坚力量。

我国拥有世界第一大散货商船队和第三大集装箱船队。国家"一带一路"倡议的推进以及"海洋强国""交通强国"战略的实施需要高素质船员作为人才支撑。进入新时代,党和国家对新时代青年提出了新的要求,随着科技的高速发展,智能船舶、智慧航海、绿色航运对新时代航运人才的知识和技能提出了新的要求。但是,船员驾驶船舶航行于占地球表面71% 的海洋上、沟通世界各国的工作性质决定了其人才培养具有"国际化"的特征,遵守统一的海上交通规则又要求其人才培养具有一定的"标准化",需符合《1978 年海员培训、发证和值班标准国际公约》(简称"STCW 公约")国际标准对新时代船员培养规格的新要求。

我国船员数量位居世界前列,规模基本满足我国航运发展需要。截至 2021 年 6 月,我国共有注册船员 177.4 万人,其中无限航区海船船员 61.3 万人、沿海航区海船船员 23.5万人、内河船舶船员 92.6 万人。但是,当前我国船员队伍主要存在以下两方面的问题:一是船员队伍结构性失衡,长期发展后劲不足。尽管我国注册船员队伍体量较大,但活跃船员数量不足一半,占比偏低。近年来,受各种因素影响,航海专业的毕业生参加适任考试的意愿不强,毕业生在船服务时间降低,流失率居高不下,三副、三管轮、二副、二管轮等操作级船员流失严重,弃船上岸、另谋职业现象比较突出。高级船员的平均年龄呈上升趋势,特定船种的船员短缺现象明显,高端航海人才略显紧缺,这些对航运企业用人造成了一定影响;二是船员个体素质分化,队伍整体竞争力不强。我国船员存在英语语言运用能力不足、跨文化沟通能力有待提升的现实问题,在一定程度上还存在法制观念、安全责任不强的问题,部分船员对职业缺乏热爱与尊重,契约精神缺失,欠缺理解、运用法律知识的意识;在安全责任方面,部分船员在工作中存有侥幸、懈怠心理,关键操作能力欠缺,安全意识和应急应变能力不足。

习近平总书记和党中央对当代青年提出了一系列新的要求,我国也确立了以"爱国、进取、敬业、奉献"为内容的中国船员精神。《交通强国建设纲要》提出了"打造素质优良的交通劳动者大军"的要求。交通运输部联合教育部、财政部等六部门印发了《关于加强高素质船员队伍建设的指导意见》,旨在进一步优化船员职业发展环境,着力以改革创新推进高素质船员队伍建设。

要培养高素质船员,首先需要梳理明确"高素质船员"的内涵,为后续建设目标、实现路径提供标准。另外,船员培养的"国际化""标准化",又要求中国特色"高素质船员"教育需要满足国际化要求。因此,新时代"高素质船员"的培养就需要落实习近平总书记的要求和党的教育方针,突出中国船员精神培养,履行公约职业能力标准要求,着力提高中国船员人才培养质量,并引导航海类专业毕业生热爱且积极投身航海事业。

高等职业教育已经成为我国船员教育培养的主力军,目前新注册船员中高职院校毕业生达到70%,因此本书主要对高职院校培养高素质船员进行深入研究,内容包括收集、梳理党和国家对新时代青年工作和教育战线提出的新的期望和要求,顺应海洋运输产业"智能、高效、环保、安全"的发展趋势,在对海运行业及用人单位、在职船员等进行深入调研的基础上,研究确定"高素质船员"的内涵;结合STCW公约对国际船员的知识、能力、素质要求以及此公约在我国的履约体系,在深入贯彻我国新时代系列职业教育发展文件的基础上,以高职院校为载体设计STCW公约标准下的中国特色"高素质船员"培养路径。

本人于2009年从零起步创办航海技术和轮机工程技术两个专业,目前两专业已经成为区域内船员教育培养、培训的重要基地。本书系统总结梳理本人10余年来对高职航海类专业人才培养的理解和认识,对高职院校创办航海类专业以及新时代在党和国家系列要求指引下如何办好航海类专业、培养高质量船员作以系统总结,希望对高职航海类专业从业人员和管理人员能够提供些许参考借鉴。另外,我国船员教育履行STCW公约已有40余年,在当前职业教育提质培优、增值赋能、以质图强的背景下,对我国职业教育标准的制定及标准的实施具有一定的借鉴意义。

本人能力有限,虽已竭尽所能,认识粗浅甚至谬误之处在所难免,其中不当、不足之处恳请读者谅解。

著 者

2023 年 5 月

目　录

第一篇　新时代高素质船员的内涵

第一章　党和国家对新时代青年的新要求

一、习近平总书记关于我国新时代青年工作、教育事业的重要论述为高校人才培养明确了目标、提供了遵循

(一) 习近平总书记对于青年学生的期许和要求

对于青年学生的成长成才，习近平总书记始终高度重视、亲切关怀。在党的二十大报告中，习近平总书记重点对青年人寄予殷切期望，强调："青年强，则国家强。当代中国青年生逢其时，施展才干的舞台无比广阔，实现梦想的前景无比光明。全党要把青年工作作为战略性工作来抓，用党的科学理论武装青年，用党的初心使命感召青年，做青年朋友的知心人、青年工作的热心人、青年群众的引路人。广大青年要坚定不移听党话、跟党走，怀抱梦想又脚踏实地，敢想敢为又善作善成，立志做有理想、敢担当、能吃苦、肯奋斗的新时代好青年，让青春在全面建设社会主义现代化国家的火热实践中绽放绚丽之花。"

党的十八大以来，习近平总书记多次深入高校调研考察、同青年学生座谈、给青年学生回信，倾听他们的心声，指引他们成长，勉励他们成才，利用多种形式对青年学生的成长与进步提出了要求和殷切期望。2022 年 6 月，中共中央党史和文献研究院编辑的习近平同志《论党的青年工作》由中央文献出版社出版，此专题文集收集整理了习近平总书记围绕党的青年工作发表的一系列重要论述，鲜明提出青年是祖国的未来、民族的希望，也是党的未来和希望。代表广大青年、赢得广大青年、依靠广大青年，是我们党不断从胜利走向胜利的重要保证。党的十八大以来，以习近平同志为核心的党中央从确保党的事业薪火相传和中华民族永续发展的战略高度，深刻把握新时代中国青年运动规律，加强党对青年工作的领导，召开党的历史上第一次中央党的群团工作会议，出台新中国历史上第一个青年发展规划，印发党的历史上第一个以党中央名义发布的少先队工作文件，部署共青团改革，推动青年工作取得历史性成就。习近平同志围绕党的青年工作发表的一系列重要论述，深刻阐明了党的青年工作的地位作用、目标任务、职责使命、实践要求，深刻回答了新时代培养什么样的青年、怎样培养青年，建设什么样的共青团、怎样建设共青团等方向性、全局性、战略性重大课题，把我们党对青年工作的规律性认识提升到了新的高度，为做好新时代党的青年工作指明了前进方向、提供了根本遵循，对于更好团结、组织、动员广大青年为实现第二个百年奋斗目标、实现中华民族伟大复兴的中国梦而奋斗，具有十分重要的指导意义。

现将这部专题文集的主要内容介绍如下。

《在庆祝中国共产主义青年团成立 100 周年大会上的讲话》是 2022 年 5 月 10 日习近平同志的讲话。讲话全面回顾一百年来共青团坚定不移听党话、跟党走的青春历程，充分肯定共青团在党的领导下、团结带领一代代团员青年为实现中华民族伟大复兴中国梦所作出的重要贡献，深刻阐明共青团和青年工作的历史经验，对做好新时代共青团工作提出明确要求，具有很强的政治性、思想性、战略性、指导性。指出，青春孕育无限希望，青年创造美好明天。一百年来，中国共青团始终与党同心、跟党奋斗，团结带领广大团员青年把忠诚书写在党和人民事业中，把青春播撒在民族复兴的征程上，把光荣镌刻在历史行进的史册里。在新的征程上，如何更好把青年团结起来、组织起来、动员起来，为实现第二个百年奋斗目标、实现中华民族伟大复兴的中国梦而奋斗，是新时代中国青年运动和青年工作必须回答的重大课题。共青团要牢牢把握培养社会主义建设者和接班人的根本任务，团结带领广大团员青年成长为有理想、敢担当、能吃苦、肯奋斗的新时代好青年，用青春的能动力和创造力激荡起民族复兴的澎湃春潮，用青春的智慧和汗水打拼出一个更加美好的中国。要坚持为党育人，始终成为引领中国青年思想进步的政治学校；自觉担当尽责，始终成为组织中国青年永久奋斗的先锋力量；心系广大青年，始终成为党联系青年最为牢固的桥梁纽带；勇于自我革命，始终成为紧跟党走在时代前列的先进组织。

《在同各界优秀青年代表座谈时的讲话》是 2013 年 5 月 4 日习近平同志的讲话。指出，历史和现实都告诉我们，青年一代有理想、有担当，国家就有前途，民族就有希望，实现我们的发展目标就有源源不断的强大力量。中国梦是历史的、现实的，也是未来的；是国家的、民族的，也是每一个中国人的；是我们的，更是青年一代的。中华民族伟大复兴终将在广大青年的接力奋斗中变为现实。展望未来，我国青年一代必将大有可为，也必将大有作为。人的一生只有一次青春。现在，青春是用来奋斗的；将来，青春是用来回忆的。广大青年一定要坚定理想信念，练就过硬本领，勇于创新创造，矢志艰苦奋斗，锤炼高尚品格，努力在实现中华民族伟大复兴的中国梦的生动实践中放飞青春梦想。

《少年儿童从小就要立志向、有梦想》是 2013 年 5 月 29 日习近平同志在同全国各族少年儿童代表共庆"六一"国际儿童节时讲话的要点。指出，实现我们的梦想，靠我们这一代，更靠下一代。少年儿童从小就要立志向、有梦想，爱学习、爱劳动、爱祖国，德智体美全面发展，长大后做对祖国建设有用的人才。孩子们成长得更好，是我们最大的心愿。党和政府要始终关心各族少年儿童，努力为他们学习成长创造更好的条件。老师、家长要承担起教育引导少年儿童成长成才的责任。少先队组织要更好地为少年儿童服务。全社会都要关心少年儿童成长，支持少年儿童工作。

《团结带领广大青年在实现中华民族伟大复兴的征途中续写新的光荣》是 2013 年 6 月 20 日习近平同志在同团中央新一届领导班子集体谈话时的讲话。指出，代表广大青年，赢得广大青年，依靠广大青年，是我们党不断从胜利走向胜利的重要保证。当前，全党全国各族人民正在为实现党的十八大提出的奋斗目标而奋发努力，正在朝着实现中华民族伟大复兴的中国梦而奋勇迈进。这是党和国家工作大局，也是中国青年运动的时代主题。团的工作要紧紧围绕这个大局和这个主题来进行。要把握住根本性问题，必须把培养中国特色社会主义事业建设者和接班人作为根本任务,把巩固和扩大党执政的青年群众基础作为政治责任,把围绕中心、服务大局作为工作主线。团的工作要把握住广大青年的脉搏,提高团的吸引力和凝聚力,关键是要高举理想信念的旗帜;扩大团的工作有效覆盖面,关键是要把工作延伸到广大青年最需要的地方去。强调,推动共青团事业不断开创新局面,关键在团干部。团的干部必须坚定理想信念,必须心系广大青年,必须提高工作能力,必须锤炼优良作风。

《创新正当其时,圆梦适得其势》是2013年10月21日习近平同志在欧美同学会成立一百周年庆祝大会上讲话的一部分。指出,广大留学人员要把爱国之情、强国之志、报国之行统一起来,把自己的梦想融入人民实现中国梦的壮阔奋斗之中,把自己的名字写在中华民族伟大复兴的光辉史册之上。希望广大留学人员坚守爱国主义精神,矢志刻苦学习,奋力创新创造,积极促进对外交流。欧美同学会·中国留学人员联谊会要努力成为留学报国的人才库、建言献策的智囊团、开展民间外交的生力军,成为党联系广大留学人员的桥梁纽带、党和政府做好留学人员工作的助手、广大留学人员之家,把广大留学人员紧密团结在党的周围。

《实现中国梦需要依靠青年也能成就青年》是2013年12月至2022年2月期间习近平同志文稿中有关内容的节录。指出,新时代是追梦者的时代,也是广大青少年成就梦想的时代。青年一代要树立远大理想、热爱伟大祖国、担当时代责任、勇于砥砺奋斗、练就过硬本领、锤炼品德修为,努力成为对社会有用的人、道德高尚的人,积极投身全面建设社会主义现代化国家的伟大事业,在亿万人民为实现中国梦而进行的伟大奋斗中实现人生价值,用青春书写无愧于时代、无愧于历史的华彩篇章。

《为构建人类命运共同体贡献青春、智慧和力量》是2014年4月至2020年5月期间习近平同志文稿中有关内容的节录。指出,国之交在于民相亲,民相亲关键在于青年之间的交往。年轻一代要用平等、尊重、爱心来看待这个世界,用欣赏、包容、互鉴的态度来看待世界上的不同文明,促进各国人民的相互了解和理解,用青春的活力和青春的奋斗,让我们生活的这个星球变得更加美好,携手为促进民心相通、推动构建人类命运共同体贡献力量。

《青年要自觉践行社会主义核心价值观》是2014年5月4日习近平同志在北京大学师生座谈会上的讲话。指出,对一个民族、一个国家来说,最持久、最深层的力量是全社会共同认可的核心价值观。确立反映全国各族人民共同认同的价值观"最大公约数",使全体人民同心同德、团结奋进,关乎国家前途命运,关乎人民幸福安康。青年处在价值观形成和确立的时期,抓好这一时期的价值观养成十分重要。要勤学,下得苦功夫,求得真学问。要修德,加强道德修养,注重道德实践。要明辨,善于明辨是非,善于决断选择。要笃实,扎扎实实干事,踏踏实实做人。

《从小积极培育和践行社会主义核心价值观》是2014年5月30日习近平同志在北京市海淀区民族小学主持召开座谈会时的讲话。指出,任何一个思想观念,要在全社会树立起来并长期发挥作用,就要从少年儿童抓起。少年儿童培育和践行社会主义核心价值观,要适应年龄和特点,主要是要做到记住要求、心有榜样、从小做起、接受帮助。要把社会主义核心价值观的基本内容熟记熟背,融化在心灵里,铭刻在脑子中,结合学习和生活等实践不断加深理解。要学习英雄人物、先进人物、美好事物,在学习中养成好的思想品德追求。要从自己做起、从身边做起、从小事做起,一点一滴积累,养成好思想、好品德。要听得进意见,受得了批评,在知错就改、越改越好的氛围中健康成长。

《职业教育是广大青年打开通往成功成才大门的重要途径》是 2014 年 5 月 30 日习近平同志就加快发展职业教育作出的指示。指出,职业教育是国民教育体系和人力资源开发的重要组成部分,肩负着培养多样化人才、传承技术技能、促进就业创业的重要职责。要树立正确人才观,努力培养数以亿计的高素质劳动者和技术技能人才。要牢牢把握服务发展、促进就业的办学方向,努力建设中国特色职业教育体系。要加大对农村地区、民族地区、贫困地区职业教育支持力度,努力让每个人都有人生出彩的机会。

《培养造就一大批青年科技人才》是 2014 年 6 月至 2022 年 5 月期间习近平同志文稿中有关内容的节录。指出,拥有一大批创新型青年人才,是国家创新活力之所在,也是科技发展希望之所在。要把培育国家战略人才力量的政策重心放在青年科技人才上,造就规模宏大的青年科技人才队伍。各级党委和政府要以识才的慧眼、爱才的诚意、用才的胆识、容才的雅量、聚才的良方,放手使用优秀青年人才,为青年人才成才铺路搭桥,让他们成为有思想、有情怀、有责任、有担当的社会主义建设者和接班人。

《让红色基因、革命薪火代代传承》是 2014 年 10 月至 2021 年 6 月期间习近平同志文稿中有关内容的节录。指出,革命传统教育要从娃娃抓起,既注重知识灌输,又加强情感培育,使红色基因渗进血液、浸入心扉,引导广大青少年树立正确的世界观、人生观、价值观。要抓好青少年学习教育,着力讲好党的故事、革命的故事、英雄的故事,厚植爱党、爱国、爱社会主义的情感,让红色基因、革命薪火代代传承,确保红色江山永不变色。

《今天做祖国的好儿童,明天做祖国的建设者》是 2015 年 6 月 1 日习近平同志在会见中国少年先锋队第七次全国代表大会代表时讲话的要点。指出,培养好少年儿童是一项战略任务,事关长远。童年是人的一生中最宝贵的时期,在这个时期就要注意树立正确的人生目标,培养好思想、好品行、好习惯。全国各族少年儿童都要"好好学习、天天向上"。要从小学习做人,争当学习和实践社会主义核心价值观的小模范。要从小学习立志,做祖国和人民事业发展的接班人。要从小学习创造,争当勤奋学习、自觉劳动、勇于创造的小标兵。

《保持和增强党的群团工作和群团组织的政治性先进性群众性》是 2015 年 7 月 6 日习近平同志在中央党的群团工作会议上讲话的要点。指出,党的群团工作是党通过群团组织开展的群众工作,是党组织动员广大人民群众为完成党的中心任务而奋斗的重要工作。这是我们党的一大创举,也是我们党的一大优势。必须加强和改进党的群团工作,把工人阶级主力军、青年生力军、妇女半边天作用和人才第一资源作用充分发挥出来,把十三亿多人民的积极性充分调动起来。必须从巩固党执政的阶级基础和群众基础的政治高度,抓好党的群团工作,保证党始终同广大人民群众同呼吸、共命运、心连心。必须把群团组织建设得更加充满活力、更加坚强有力,使之成为推进国家治理体系和治理能力现代化的重要力量。

《致全国青联十二届全委会和全国学联二十六大的贺信》是 2015 年 7 月 24 日习近平同志的贺信。指出,青联和学联事业是党的群团事业的重要组成部分,青联和学联组织一定要不断保持和增强政治性、先进性、群众性,不断推进自身改革,认真履行自身职能,更好组织动员广大青年坚定地跟党走。

《让贫困家庭孩子感受到党和政府的温暖》是 2015 年 11 月 27 日习近平同志在中央扶贫开发工作会议上讲话的一部分。指出,治贫先治愚,扶贫先扶智。教育是阻断贫困代际传递的治本之策。贫困地区教育事业是管长远的,必须下大气力抓好。扶贫政策从设计到落实都要更加人性化、更加精细化,让贫困家庭孩子感受到党和政府的温暖。

《为广大青少年营造风清气正的网络空间》是 2016 年 4 月 19 日、2018 年 4 月 20 日习近平同志两篇讲话中有关内容的节录。指出,网络空间是亿万民众共同的精神家园。网络空间天朗气清、生态良好,符合人民利益。网民中绝大多数是青少年,容易受到不同思潮影响。要本着对社会负责、对人民负责的态度,依法加强网络空间治理,加强网络内容建设,做强网上正面宣传,培育积极健康、向上向善的网络文化,用社会主义核心价值观和人类优秀文明成果滋养人心、滋养社会,做到正能量充沛、主旋律高昂,为广大网民特别是青少年营造一个风清气正的网络空间。

《不断书写奉献青春的时代篇章》是 2016 年 4 月 26 日习近平同志在知识分子、劳动模范、青年代表座谈会上讲话的一部分。指出,全面建成小康社会,广大青年是生力军和突击队。实现中华民族伟大复兴的中国梦,需要一代又一代有志青年接续奋斗。广大青年要自觉践行社会主义核心价值观,不断养成高尚品格;要自觉加强学习,不断增强本领;要自觉奉献青春,为全面建成小康社会多作贡献;要保持初生牛犊不怕虎的劲头,不懂就学,不会就练,没有条件就努力创造条件,让青春年华在为国家、为人民的奉献中焕发出绚丽光彩。

《让孩子们健康成长关系祖国和民族未来》是 2016 年 8 月 19 日习近平同志在全国卫生与健康大会上讲话的节录。指出,我国有三亿多少年儿童,让孩子们健康成长关系祖国和民族未来,也是每个家庭最大的愿望和期盼。要重视少年儿童健康,全面加强幼儿园、中小学的卫生与健康工作。要从小抓起,以中小学为重点,建立健全健康教育体系,普及健康科学知识,加大各级各类学校健康教育力度。要采取有效措施加强青少年预防接种工作,筑牢防控传染病的关键屏障。要加大心理健康问题基础性研究,做好心理健康知识和心理疾病科普工作,规范发展心理治疗、心理咨询等心理健康服务。

《基础教育要遵循青少年成长特点和规律》是 2016 年 9 月 9 日习近平同志在北京市八一学校考察时讲话要点的一部分。指出,基础教育是立德树人的事业,要旗帜鲜明加强思想政治教育、品德教育,加强社会主义核心价值观教育,引导学生自尊自信自立自强。基础教育是提高民族素质的奠基工程,要遵循青少年成长特点和规律,扎实做好基础的文章,要树立强烈的人才观,大力推进素质教育,鼓励学校办出特色,鼓励教师教出风格。基础教育是全社会的事业,需要学校、家庭、社会密切配合。中小学生是青少年的主体,是国家的未来和希望,要立志成才,必须勤奋学习、提高综合素质,努力做到修身立德、志存高远、勤学上进、追求卓越、强健体魄、健康身心、锤炼意志、砥砺坚韧。

《家庭要帮助孩子扣好人生的第一粒扣子》是 2016 年 12 月 12 日习近平同志在会见第一届全国文明家庭代表时讲话的一部分。指出,家庭是人生的第一个课堂,父母是孩子的第一任老师。家庭教育最重要的是品德教育,是如何做人的教育。广大家庭都要重言传、重身教、教知识、育品德、身体力行、耳濡目染，帮助孩子扣好人生的第一粒扣子，迈好人生的第一个台阶。

《广大青年成长成才要励志勤学、加强磨炼》是 2017 年 5 月 3 日习近平同志在中国政法大学座谈会上讲话的一部分。指出，青年一代的理想信念、精神状态、综合素质，是一个国家发展活力的重要体现，也是一个国家核心竞争力的重要因素。当代青年要树立与时代主题同心同向的理想信念，勇于担当时代赋予的历史责任；要像海绵汲水一样汲取知识，努力做到又博又专、愈博愈专；要把学习同思考、观察同思考、实践同思考紧密结合起来，学会用正确的立场观点方法分析问题，养成历史思维、辩证思维、系统思维、创新思维的习惯；要加强意志和品德的磨炼，使顺境逆境都成为人生的财富，努力培养高洁的操行和纯朴的情感，以良好的品德去赢得人生和事业的成就。

《青年兴则国家兴，青年强则国家强》是 2017 年 10 月 18 日习近平同志在中国共产党第十九次全国代表大会上报告的一部分。指出，青年一代有理想、有本领、有担当，国家就有前途，民族就有希望。中华民族伟大复兴的中国梦终将在一代代青年的接力奋斗中变为现实。全党要关心和爱护青年，为他们实现人生出彩搭建舞台。广大青年要坚定理想信念，志存高远，脚踏实地，勇做时代的弄潮儿，在实现中国梦的生动实践中放飞青春梦想，在为人民利益的不懈奋斗中书写人生华章。

《新时代青年要爱国、励志、求真、力行》是 2018 年 5 月 2 日习近平同志在北京大学师生座谈会上讲话的一部分。指出，我们面临的新时代，既是近代以来中华民族发展的最好时代，也是实现中华民族伟大复兴的最关键时代。广大青年既拥有广阔发展空间，也承载着伟大时代使命。对广大青年来说，这是最大的人生际遇，也是最大的人生考验。广大青年要爱国，忠于祖国，忠于人民；要励志，立鸿鹄志，做奋斗者；要求真，求真学问，练真本领；要力行，知行合一，做实干家。

《党旗所指就是团旗所向》是 2018 年 7 月 2 日习近平同志在同团中央新一届领导班子集体谈话时的讲话。指出，党的十八大以后，党中央从党和国家事业发展全局出发，高度重视和大力推进青年工作，召开党的历史上第一次中央党的群团工作会议，出台新中国历史上第一个青年发展规划，部署共青团改革，推动青年工作取得历史性成就。党中央关于青年工作的要求，明确了青年工作的战略地位，明确了中国青年运动的时代主题，明确了青年工作的职责使命，明确了青年一代健康成长的正确道路，明确了青年工作的路径方法，明确了共青团改革发展的目标任务，明确了必须加强党对青年工作的领导。这些重要要求，是做好新时代党的青年工作的根本遵循，必须长期坚持贯彻。要把握好新时代共青团的职责使命，加强对青年政治引领，广泛动员青年建功新时代，更好联系服务青年，要深入推进共青团改革，要切实落实从严治团要求。

《培养担当民族复兴大任的时代新人》是 2018 年 8 月 21 日习近平同志在全国宣传思想工作会议上讲话的一部分。指出，担当民族复兴大任的时代新人，必须是在思想水平、政治觉悟、道德品质、文化素养、精神状态等方面同新时代要求相符合的。培养时代新人，重中之重是要以坚定的理想信念筑牢精神之基。要在全体人民特别是青少年中加强理想信念教育，深化社会主义和共产主义宣传教育，深化中国特色社会主义和中国梦宣传教育，弘扬以爱国主义为核心的民族精神和以改革创新为核心的时代精神,让理想信念的明灯永远在全国各族人民心中闪亮。要推动社会主义核心价值观转化为思想自觉和行为习惯,抓住青少年价值观形成和确定的关键时期,从小就抓、从幼儿园就抓,引导青少年扣好人生第一粒扣子。

《培养德智体美劳全面发展的社会主义建设者和接班人》是 2018 年 9 月 10 日习近平同志在全国教育大会上讲话的一部分。指出,培养什么人,是教育的首要问题。我们的教育必须把培养社会主义建设者和接班人作为根本任务,培养一代又一代拥护中国共产党领导和我国社会主义制度、立志为中国特色社会主义奋斗终身的有用人才。要在坚定理想信念上下功夫,在厚植爱国主义情怀上下功夫,在加强品德修养上下功夫,在增长知识见识上下功夫,在培养奋斗精神上下功夫,在增强综合素质上下功夫。要努力构建德智体美劳全面培养的教育体系,形成更高水平的人才培养体系。要注重教材建设。

《思政课是落实立德树人根本任务的关键课程》是 2019 年 3 月 18 日习近平同志在学校思想政治理论课教师座谈会上讲话的主要部分。指出,办好思政课,最根本的是要全面贯彻党的教育方针,解决好培养什么人、怎样培养人、为谁培养人这个根本问题。我们党立志于中华民族千秋伟业,必须培养一代又一代拥护中国共产党领导和我国社会主义制度、立志为中国特色社会主义事业奋斗终身的有用人才。办好思想政治理论课关键在教师,关键在发挥教师的积极性、主动性、创造性。思政课教师,要给学生心灵埋下真善美的种子,引导学生扣好人生第一粒扣子。推动思想政治理论课改革创新,要不断增强思政课的思想性、理论性和亲和力、针对性。强调,要加强党对思想政治理论课建设的领导。各级党委要把思想政治理论课建设摆上重要议程,抓住制约思政课建设的突出问题,在工作格局、队伍建设、支持保障等方面采取有效措施。

《在纪念五四运动 100 周年大会上的讲话》是 2019 年 4 月 30 日习近平同志的讲话。指出,五四运动是中国旧民主主义革命走向新民主主义革命的转折点,在近代以来中华民族追求民族独立和发展进步的历史进程中具有里程碑意义。五四运动以来的 100 年,是中国青年一代又一代接续奋斗、凯歌前行的 100 年,是中国青年用青春之我创造青春之中国、青春之民族的 100 年。新时代中国青年运动的主题,新时代中国青年运动的方向,新时代中国青年的使命,就是坚持中国共产党领导,同人民一道,为实现"两个一百年"奋斗目标、实现中华民族伟大复兴的中国梦而奋斗。强调,新时代中国青年要继续发扬五四精神,以实现中华民族伟大复兴为己任,不辜负党的期望、人民期待、民族重托,不辜负我们这个伟大时代。一是要树立远大理想,二是要热爱伟大祖国,三是要担当时代责任,四是要勇于砥砺奋斗,五是要练就过硬本领,六是要锤炼品德修为。

《青年人在新冠肺炎疫情防控斗争中交出了合格答卷》是 2020 年 3 月至 9 月期间习近平同志文稿中有关内容的节录。指出,在新冠肺炎疫情防控斗争中,青年一代成了抗疫一线的主力军,不怕苦、不畏难、不惧牺牲,用臂膀扛起如山的责任,展现出青春激昂的风采,展现出中华民族的希望。广大青年用行动证明,新时代的中国青年是好样的,是堪当大任的。

《广大青年要不断增强做中国人的志气、骨气、底气》是 2021 年 4 月 19 日习近平同志在清华大学考察时讲话要点的一部分。指出,广大青年要爱国爱民,树立为祖国为人民永久奋斗、赤诚奉献的坚定理想。要锤炼品德,矢志追求更有高度、更有境界、更有品位的人生。要勇于创新,以聪明才智贡献国家,以开拓进取服务社会。要实学实干,在攀登知识高峰中追求卓越,在肩负时代重任时行胜于言,在真刀真枪的实干中成就一番事业。

《新时代的中国青年要以实现中华民族伟大复兴为己任》是 2021 年 7 月 1 日习近平同志在庆祝中国共产党成立 100 周年大会上讲话的一部分。指出,未来属于青年,希望寄予青年。100 年前,一群新青年高举马克思主义思想火炬,在风雨如晦的中国苦苦探寻民族复兴的前途。100 年来,在中国共产党的旗帜下,一代代中国青年把青春奋斗融入党和人民事业,成为实现中华民族伟大复兴的先锋力量。新时代的中国青年要以实现中华民族伟大复兴为己任,增强做中国人的志气、骨气、底气,不负时代,不负韶华,不负党和人民的殷切期望。

《听党话、跟党走,努力成长为堪当民族复兴重任的时代新人》是 2022 年 4 月 25 日习近平同志在中国人民大学师生代表座谈会上讲话的一部分。指出,立足新时代新征程,中国青年的奋斗目标和前行方向归结到一点,就是坚定不移听党话、跟党走,努力成长为堪当民族复兴重任的时代新人。广大青年要用脚步丈量祖国大地,用眼睛发现中国精神,用耳朵倾听人民呼声,用内心感应时代脉搏,把对祖国血浓于水、与人民同呼吸共命运的情感贯穿学业全过程、融汇在事业追求中。要做社会主义核心价值观的坚定信仰者、积极传播者、模范践行者。要时刻准备着,以咬定青山不放松的执着,在实现中华民族伟大复兴的时代洪流中踔厉奋发、勇毅前进。要牢记党的教诲,立志民族复兴,不负韶华,不负时代,不负人民,在青春的赛道上奋力奔跑,争取跑出当代青年的最好成绩。

习近平总书记关于青年工作的讲话博大精深、立意高远又语重心长,体现了习近平总书记对中国特色社会主义建设接班人的关心、关爱和关切。为了在教育教学中系统把握习近平总书记对党的青年工作要求期许的要义,在此,引用《人民日报》2021 年 12 月 1 号第一版对习近平总书记系列讲话、指示批示、回信进行的系统梳理,提炼总结习近平总书记对当代青年的期望和要求,主要聚焦在以下四个方面:

立大志——要爱国爱民,从党史学习中激发信仰、获得启发、汲取力量,不断坚定"四个自信",不断增强做中国人的志气、骨气、底气,树立为祖国为人民永久奋斗、赤诚奉献的坚定理想。

明大德——要锤炼品德,自觉树立和践行社会主义核心价值观,自觉用中华优秀传统文化、革命文化、社会主义先进文化培根铸魂、启智润心,加强道德修养,明辨是非曲直,增强自我定力,矢志追求更有高度、更有境界、更有品位的人生。

成大才——要勇于创新,深刻理解把握时代潮流和国家需要,敢为人先、敢于突破,以聪明才智贡献国家,以开拓进取服务社会。

担大任——要实学实干,脚踏实地、埋头苦干、孜孜不倦、如饥似渴,在攀登知识高峰中追求卓越,在肩负时代重任时行胜于言,在真刀真枪的实干中成就一番事业。

(二)习近平总书记关于教育工作的重要论述

在 2018 年 9 月 10 日召开的全国教育大会上,习近平总书记发表重要讲话,就新时代教育工作"培养什么人、怎样培养人、为谁培养人这一根本问题"作了精辟的论述,"培养什么人,是教育的首要问题。""我国是中国共产党领导的社会主义国家,这就决定了我们的教育必须把培养社会主义建设者和接班人作为根本任务,培养一代又一代拥护中国共产党领导和我国社会主义制度、立志为中国特色社会主义奋斗终身的有用人才。""这是教育工作的根本任务,也是教育现代化的方向目标。"对于怎样培养人,习近平总书记强调了九个方面的内容:一要在坚定理想信念上下功夫,教育引导学生树立共产主义远大理想和中国特色社会主义共同理想,增强学生的中国特色社会主义道路自信、理论自信、制度自信、文化自信,立志肩负起民族复兴的时代重任;二要在厚植爱国主义情怀上下功夫,让爱国主义精神在学生心中牢牢扎根,教育引导学生热爱和拥护中国共产党,立志听党话、跟党走,立志扎根人民、奉献国家;三要在加强品德修养上下功夫,教育引导学生培育和践行社会主义核心价值观,踏踏实实修好品德,成为有大爱大德大情怀的人;四要在增长知识见识上下功夫,教育引导学生珍惜学习时光,心无旁骛求知问学,增长见识,丰富学识,沿着求真理、悟道理、明事理的方向前进;五要在培养奋斗精神上下功夫,教育引导学生树立高远志向,历练敢于担当、不懈奋斗的精神,具有勇于奋斗的精神状态、乐观向上的人生态度,做到刚健有为、自强不息;六要在增强综合素质上下功夫,教育引导学生培养综合能力,培养创新思维;七要树立健康第一的教育理念,开齐开足体育课,帮助学生在体育锻炼中享受乐趣、增强体质、健全人格、锤炼意志;八要全面加强和改进学校美育,坚持以美育人、以文化人,提高学生审美和人文素养;九要在学生中弘扬劳动精神,教育引导学生崇尚劳动、尊重劳动,懂得劳动最光荣、劳动最崇高、劳动最伟大、劳动最美丽的道理,长大后能够辛勤劳动、诚实劳动、创造性劳动。

概括起来看,对于怎样培养人可以归纳为"德智体美劳"五育并举,而"德"包括理想信念教育、爱国主义教育及思想品德修养,另外强调奋斗精神的培养及综合素质的培养。习近平总书记对立德树人尤其重视,在讲话中强调,要把立德树人融入思想道德教育、文化知识教育、社会实践教育各环节,贯穿基础教育、职业教育、高等教育各领域,学科体系、教学体系、教材体系、管理体系要围绕这个目标来设计,教师要围绕这个目标来教,学生要围绕这个目标来学。凡是不利于实现这个目标的做法都要坚决改过来。

(三)习近平总书记高度重视高校思想政治工作

在2016年12月召开的全国高校思想政治工作会议上,习近平总书记强调,高校思想政治工作关系高校培养什么样的人、如何培养人以及为谁培养人这个根本问题,要坚持把立德树人作为中心环节,把思想政治工作贯穿教育教学全过程,实现全程育人、全方位育人,努力开创我国高等教育事业发展新局面。我国高等教育发展方向要同我国发展的现实目标和未来方向紧密联系在一起,为人民服务,为中国共产党治国理政服务,为巩固和发展中国特色社会主义制度服务,为改革开放和社会主义现代化建设服务。我国高等教育肩负着培养德智体美全面发展的社会主义事业建设者和接班人的重大任务,必须坚持正确政治方向。高校立身之本在于立德树人。我们的高校是党领导下的高校,是中国特色社会主义高校。办好我们的高校,必须坚持以马克思主义为指导,全面贯彻党的教育方针。要坚持不懈传播马克思主义科学理论,抓好马克思主义理论教育,为学生一生成长奠定科学的思想基础。要坚持不懈培育和弘扬社会主义核心价值观,引导广大师生做社会主义核心价值观的坚定信仰者、积极传播者、模范践行者。要坚持不懈促进高校和谐稳定,培育理性平和的健康心态,加强人文关怀和心理疏导,把高校建设成为安定团结的模范之地。要坚持不懈培育优良校风和学风,使高校发展做到治理有方、管理到位、风清气正。思想政治工作从根本上说是做人的工作,必须围绕学生、关照学生、服务学生,不断提高学生思想水平、政治觉悟、道德品质、文化素养,让学生成为德才兼备、全面发展的人才。要教育引导学生正确认识世界和中国发展大势,从我们党探索中国特色社会主义历史发展和伟大实践中,认识和把握人类社会发展的历史必然性,认识和把握中国特色社会主义的历史必然性,不断树立为共产主义远大理想和中国特色社会主义共同理想而奋斗的信念和信心;正确认识中国特色和国际比较,全面客观认识当代中国、看待外部世界;正确认识时代责任和历史使命,用中国梦激扬青春梦,为学生点亮理想的灯、照亮前行的路,激励学生自觉把个人的理想追求融入国家和民族的事业中,勇做走在时代前列的奋进者、开拓者;正确认识远大抱负和脚踏实地,珍惜韶华、脚踏实地,把远大抱负落实到实际行动中,让勤奋学习成为青春飞扬的动力,让增长本领成为青春搏击的能量。做好高校思想政治工作,要因事而化、因时而进、因势而新。要遵循思想政治工作规律,遵循教书育人规律,遵循学生成长规律,不断提高工作能力和水平。要用好课堂教学这个主渠道,思想政治理论课要坚持在改进中加强,提升思想政治教育亲和力和针对性,满足学生成长发展需求和期待,其他各门课都要守好一段渠、种好责任田,使各类课程与思想政治理论课同向同行,形成协同效应。要加快构建中国特色哲学社会科学学科体系和教材体系,推出更多高水平教材,创新学术话语体系,建立科学权威、公开透明的哲学社会科学成果评价体系,努力构建全方位、全领域、全要素的哲学社会科学体系。要更加注重以文化人以文育人,广泛开展文明校园创建,开展形式多样、健康向上、格调高雅的校园文化活动,广泛开展各类社会实践。要运用新媒体新技术使工作活起来,推动思想政治工作传统优势同信息技术高度融合,增强时代感和吸引力。

2019 年 3 月,习近平总书记主持召开学校思想政治理论课教师座谈会并发表重要讲话,强调思想政治理论课是落实立德树人根本任务的关键课程。办好思想政治理论课关键在教师,思政课教师政治要强、情怀要深、思维要新、视野要广、自律要严、人格要正。推动思想政治理论课改革创新,要不断增强思政课的思想性、理论性和亲和力、针对性,要坚持政治性和学理性相统一,坚持价值性和知识性相统一,坚持建设性和批判性相统一,坚持理论性和实践性相统一,坚持统一性和多样性相统一,坚持主导性和主体性相统一,坚持灌输性和启发性相统一,坚持显性教育和隐性教育相统一。

习近平总书记关于教育的系列重要论述内涵丰富、博大精深,形成了系统科学的新时代中国特色社会主义教育理论体系,把我们党对教育工作的规律性认识提升到新的高度,是马克思主义基本原理与中国教育实践相结合的重大理论结晶,是习近平新时代中国特色社会主义思想的重要组成部分。

二、党中央国务院对新时代青年成长成才的新要求

(一)《关于加强和改进新形势下高校思想政治工作的意见》吹响了提升新时代高校思政工作水平的号角

2017年2月,中共中央、国务院出台了《关于加强和改进新形势下高校思想政治工作的意见》(以下简称《意见》),对高校加强和改进思想政治工作的重要意义和总体要求、思想政治教育的内容、提升改进思政工作的举措以及贯彻落实的保证措施等方面进行全面部署,要求高校"深入学习贯彻习近平总书记系列重要讲话精神和治国理政新理念新思想新战略,全面贯彻党的教育方针,坚持社会主义办学方向,扎根中国大地办大学,以立德树人为根本,以理想信念教育为核心,以社会主义核心价值观为引领,切实抓好各方面基础性建设和基础性工作,切实加强和改善党的领导,全面提升思想政治工作水平,紧密团结在以习近平同志为核心的党中央周围,牢固树立政治意识、大局意识、核心意识、看齐意识,坚定不移维护党中央权威和党中央集中统一领导,为实现'两个一百年'奋斗目标、实现中华民族伟大复兴的中国梦,培养又红又专、德才兼备、全面发展的中国特色社会主义合格建设者和可靠接班人。"《意见》指出,一要强化思想理论教育和价值引领。把理想信念教育放在首位,切实抓好马克思列宁主义、毛泽东思想学习教育,广泛开展中国特色社会主义理论体系学习教育,深入学习习近平总书记系列重要讲话精神,引导师生深刻领会党中央治国理政新理念新思想新战略,坚定中国特色社会主义道路自信、理论自信、制度自信、文化自信。二要培育和践行社会主义核心价值观,把社会主义核心价值观体现到教书育人全过程,引导师生树立正确的世界观、人生观、价值观,加强国家意识、法治意识、社会责任意识教育,加强民族团结进步教育、国家安全教育、科学精神教育,以诚信建设为重点,加强社会公德、职业道德、家庭美德、个人品德教育,提升师生道德素养。三要弘扬中华优秀传统文化和革命文化、社会主义先进文化,实施中华文化传承工程,推动中华优秀传统文化融入教育教学,加强革命文化和社会主义先进文化教育,深化中国共产党史、中华人民共和国史、改革开放史和社会主义发展史学习教育,利用我国改革发展的伟大成就、重大历史事件纪念活动、爱国主义教育基地、国家公祭仪式等组织开展主题教育,弘扬以爱国主义为核心的民族精神和以改革创新为核心的时代精神。四要进一步办好高校思想政治理论课,充分发挥思想政治理论课的主渠道作用,深入实施高校思想政治理论课建设体系创新计划,完善教材体系,提高教师素质,创新教学方法,增强教学的吸引力、说服力、感染力。五要加强高校马克思主义学院建设,打造马克思主义理论教学、研究、宣传和人才培养的坚强阵地,支持有条件的高校设置马克思主义理论专业,深入实施马克思主义理论研究和建设工程。

2017年12月,中共教育部党组为贯彻落实全国高校思想政治工作会议和中共中央国务院印发的《关于加强和改进新形势下高校思想政治工作的意见》精神,制定《高校思想政治工作质量提升工程实施纲要》,要求各高校充分发挥课程、科研、实践、文化、网络、心理、管理、服务、资助、组织等方面工作的育人功能,挖掘育人要素,完善育人机制,优化评价激励,强化实施保障,切实构建"十大"育人体系。

(二)《关于深化教育体制机制改革的意见》为新时代育人改革提供了指南

2017 年 9 月,中共中央办公厅、国务院办公厅印发《关于深化教育体制机制改革的意见》指出,要健全立德树人系统化落实机制。强调要构建以社会主义核心价值观为引领的大中小幼一体化德育体系。针对不同年龄段学生,科学定位德育目标,合理设计德育内容、途径、方法,使德育层层深入、有机衔接,推进社会主义核心价值观内化于心、外化于行。深入开展理想信念教育,引导学生坚定拥护中国共产党领导,树立中国特色社会主义共同理想,增强中国特色社会主义道路自信、理论自信、制度自信、文化自信。深入开展以爱国主义为核心的民族精神和以改革创新为核心的时代精神教育、道德教育、社会责任教育、法治教育,加强中华优秀传统文化和革命文化、社会主义先进文化教育。健全全员育人、全过程育人、全方位育人的体制机制,充分发掘各门课程中的德育内涵,加强德育课程、思政课程。创新思想政治教育方式方法,注重理论与实践相结合、育德与育心相结合、课内与课外相结合、线上与线下相结合、解决思想问题与解决实际问题相结合,不断增强亲和力和针对性。用好自然资源、红色资源、文化资源、体育资源、科技资源、国防资源和企事业单位资源的育人功能,发挥英雄模范人物、名师大家、学术带头人等的示范引领作用,挖掘校史校风校训校歌的教育作用,充分发挥学校党、共青团、少先队组织的育人功能。加强学校教育、家庭教育、社会教育的有机结合,构建各级党政机关、社会团体、企事业单位及街道、社区、镇村、家庭共同育人的格局。要注重培养支撑终身发展、适应时代要求的关键能力。在培养学生基础知识和基本技能的过程中,强化学生关键能力培养。培养认知能力,引导学生具备独立思考、逻辑推理、信息加工、学会学习、语言表达和文字写作的素养,养成终身学习的意识和能力。培养合作能力,引导学生学会自我管理,学会与他人合作,学会过集体生活,学会处理好个人与社会的关系,遵守、履行道德准则和行为规范。培养创新能力,激发学生好奇心、想象力和创新思维,养成创新人格,鼓励学生勇于探索、大胆尝试、创新创造。培养职业能力,引导学生适应社会需求,树立爱岗敬业、精益求精的职业精神,践行知行合一,积极动手实践和解决实际问题。要建立促进学生身心健康、全面发展的长效机制。切实加强和改进体育,改变美育薄弱局面,深入开展劳动教育,加强心理健康教育和国防教育。

(三)全国教育大会为新时代教育事业擘画蓝图、指明方向

全国教育大会召开后,党中央、国务院为落实大会精神,发布了《中国教育现代化 2035》及关于公民道德建设、爱国主义教育、劳动教育、体育及美育教育等系列文件,保证德智体美劳的培养目标不偏离,并对学校思想政治工作的指导进一步细化,为教育工作的开展提供了实施依据。

1.《中国教育现代化 2035》为教育现代化擘画蓝图

2019 年 2 月,中共中央、国务院印发了《中国教育现代化 2035》,在推进教育现代化指导思想、基本理念、总体目标等方面更加高屋建瓴、科学明确,上升到了新的高度,非常具有战略指导意义,为教育战线 2035 年以前的工作提供了遵循。文件提出了推进教育现代化的八大基本理念:更加注重以德为先,更加注重全面发展,更加注重面向人人,更加注重终身学习,更加注重因材施教,更加注重知行合一,更加注重融合发展,更加注重共建共享。明确了推进教育现代化的基本原则:坚持党的领导、坚持中国特色、坚持优先发展、坚持服务人民、坚持改革创新、坚持依法治教、坚持统筹推进。确定的面向教育现代化的十大战略任务,其中前两项任务更具统领意义:"一是学习习近平新时代中国特色社会主义思想。把学习贯彻习近平新时代中国特色社会主义思想作为首要任务,贯穿到教育改革发展全过程,落实到教育现代化各领域各环节。以习近平新时代中国特色社会主义思想武装教育战线,推动习近平新时代中国特色社会主义思想进教材进课堂进头脑,将习近平新时代中国特色社会主义思想融入中小学教育,加强高等学校思想政治教育。加强习近平新时代中国特色社会主义思想系统化、学理化、学科化研究阐释,健全习近平新时代中国特色社会主义思想研究成果传播机制。""二是发展中国特色世界先进水平的优质教育。全面落实立德树人根本任务,广泛开展理想信念教育,厚植爱国主义情怀,加强品德修养,增长知识见识,培养奋斗精神,不断提高学生思想水平、政治觉悟、道德品质、文化素养。增强综合素质,树立健康第一的教育理念,全面强化学校体育工作,全面加强和改进学校美育,弘扬劳动精神,强化实践动手能力、合作能力、创新能力的培养。完善教育质量标准体系,制定覆盖全学段、体现世界先进水平、符合不同层次类型教育特点的教育质量标准,明确学生发展核心素养要求。完善学前教育保教质量标准。建立健全中小学各学科学业质量标准和体质健康标准。健全职业教育人才培养质量标准,制定紧跟时代发展的多样化高等教育人才培养质量标准。建立以师资配备、生均拨款、教学设施设备等资源要素为核心的标准体系和办学条件标准动态调整机制。加强课程教材体系建设,科学规划大中小学课程,分类制定课程标准,充分利用现代信息技术,丰富并创新课程形式。健全国家教材制度,统筹为主、统分结合、分类指导,增强教材的思想性、科学性、民族性、时代性、系统性,完善教材编写、修订、审查、选用、退出机制。创新人才培养方式,推行启发式、探究式、参与式、合作式等教学方式以及走班制、选课制等教学组织模式,培养学生创新精神与实践能力。大力推进校园文化建设。重视家庭教育和社会教育。构建教育质量评估监测机制,建立更加科学公正的考试评价制度,建立全过程、全方位人才培养质量反馈监控体系。"

2.《关于深化新时代学校思想政治理论课改革创新的若干意见》及其配套文件规范了高校思政课内容

2019 年 8 月,中共中央办公厅、国务院办公厅印发了《关于深化新时代学校思想政治理论课改革创新的若干意见》,是为深入贯彻落实习近平新时代中国特色社会主义思想和党的十九大精神,贯彻落实习近平总书记关于教育的重要论述,特别是在学校思想政治理论课教师座谈会上的重要讲话精神,专门就学校思想政治理论课的重要作用、改革创新出台的具体意见。《关于深化新时代学校思想政治理论课改革创新的若干意见》强调思政课是落实立德树人根本任务的关键课程,在课程体系中发挥着政治引领和价值引领作用,不可替代。办好思政课,要放在世界百年未有之大变局、党和国家事业发展全局中来看待,要从坚持和发展中国特色社会主义、建设社会主义现代化强国、实现中华民族伟大复兴的高度来对待。要求整体规划思政课课程目标,在大中小学循序渐进、螺旋上升地开设思政课,引导学生立德成人、立志成才,树立正确世界观、人生观、价值观,坚定对马克思主义的信仰,坚定对社会主义和共产主义的信念,增强中国特色社会主义道路自信、理论自信、制度自信、文化自信,厚植爱国主义情怀,把爱国情、强国志、报国行自觉融入坚持和发展中国特色社会主义事业、建设社会主义现代化强国、实现中华民族伟大复兴的奋斗之中。对各学段的思想政治教育重点进行了明确界定,例如大学阶段重在增强使命担当,引导学生矢志不渝听党话跟党走,争做社会主义合格建设者和可靠接班人。明确要求"本科阶段开设《马克思主义基本原理概论》《毛泽东思想和中国特色社会主义理论体系概论》《中国近现代史纲要》《思想道德修养与法律基础》《形势与政策》,专科阶段开设《毛泽东思想和中国特色社会主义理论体系概论》《思想道德修养与法律基础》《形势与政策》等必修课。各高校要重点围绕习近平新时代中国特色社会主义思想,党史、新中国史、改革开放史、社会主义发展史,宪法法律,中华优秀传统文化等设定课程模块,开设系列选择性必修课程。"统筹推进思政课课程内容建设。坚持用习近平新时代中国特色社会主义思想铸魂育人,以政治认同、家国情怀、道德修养、法治意识、文化素养为重点,以爱党、爱国、爱社会主义、爱人民、爱集体为主线,坚持爱国和爱党爱社会主义相统一,系统开展马克思主义理论教育,系统进行中国特色社会主义和中国梦教育、社会主义核心价值观教育、法治教育、劳动教育、心理健康教育、中华优秀传统文化教育。遵循学生认知规律设计课程内容,体现不同学段特点,本专科阶段重在开展理论性学习。《关于深化新时代学校思想政治理论课改革创新的若干意见》同时对思政教育在教材体系、师资、落实措施等方面的改革创新进行了部署。

中共教育部党组为贯彻落实《关于深化新时代学校思想政治理论课改革创新的若干意见》,高质量办好新时代高校思想政治理论课,研究制定了《"新时代高校思想政治理论课创优行动"工作方案》,部署落实思想政治理论课的创新、创优工作,要求聚焦全面推动习近平新时代中国特色社会主义思想进教材进课堂进学生头脑,在坚定理想信念、厚植爱国主义情怀、加强品德修养、增长知识见识、培养奋斗精神、增强综合素质上下功夫,把建设一支高素质的思政课教师队伍作为关键,以高水准教材为遵循,以高水平教学资源为支撑,以高质量示范课堂为抓手,以高效率工作机制为保障,以高标准教学质量为目标,深入推进落实思政课思路创优、师资创优、教材创优、教法创优、机制创优、环境创优,进一步完善顶层设计、优化工作格局、加大精准施策力度,展现新时代高校思政课新气象新作为新担当,全面提升思政课质量和水平。

为保证实现人才培养目标不偏离及教训内容的与时俱进,《"新时代高校思想政治理论课创优行动"工作方案》要求抓好教材创优,着重把中国特色社会主义取得举世瞩目的成就融入思政课教材,集中建设优质教学资源。每年春、秋季学期,由教育部党组专门研究《高校"形势与政策"课教学要点》,紧密围绕学习贯彻习近平新时代中国特色社会主义思想特别是习近平总书记最新重要讲话精神,把增强学生中国特色社会主义道路自信、理论自信、制度自信、文化自信贯穿教学全过程,有针对性地指导高校"形势与政策"课教学。研制各门思政课必修课专题教学指南及配套课件教案。教育部高校思政课教学指导委员会依据新修订马工程高校思政课教材,针对本科和高职高专不同教学需求分课程编写专题教学指南,精心开发配套课件,编写深度解读教案,供全国思政课教师参考使用。

2020 年 12 月,中共中央宣传部、教育部关于印发《新时代学校思想政治理论课改革创新实施方案》,对《关于深化新时代学校思想政治理论课改革创新的若干意见》进一步细化落实。从课程目标来看,要求大学阶段重在增强学生的使命担当,重点引导学生系统掌握马克思主义基本原理和马克思主义中国化理论成果,了解党史、新中国史、改革开放史、社会主义发展史,认识世情、国情、党情,深刻领会习近平新时代中国特色社会主义思想,培养运用马克思主义立场观点方法分析和解决问题的能力;自觉践行社会主义核心价值观,尊重和维护宪法法律权威、识大局、尊法治、修美德;矢志不渝听党话跟党走,争做社会主义合格建设者和可靠接班人。本科及高等职业学校专科课程重在加强理论教育和学习,高等职业学校课程还要体现职业教育特色。在课程体系方面,要求大学阶段开设"思想政治理论课"必修课程和选择性必修课程。

（1）大学阶段必修课程

本科课程设置:马克思主义基本原理概论3学分;毛泽东思想和中国特色社会主义理论体系概论5学分;中国近现代史纲要3学分;思想道德与法治3学分;形势与政策2学分。

在全国重点马克思主义学院率先全面开设"习近平新时代中国特色社会主义思想概论"课程,学分按有关要求执行。

高等职业学校专科课程设置:毛泽东思想和中国特色社会主义理论体系概论4学分;思想道德与法治3学分;形势与政策1学分。

要求各高校结合本校实际,统筹校内通识类课程,围绕马克思主义经典著作,党史、新中国史、改革开放史、社会主义发展史,中华优秀传统文化、革命文化、社会主义先进文化,宪法法律等,开设本科及高等职业学校专科选择性必修课程,确保学生至少从"四史"中选修1门课程。

各高校要规范实践教学,把思想政治教育有机融入社会实践、志愿服务、实习实训等活动中,切实提高实践教学实效。

（2）各课程的内容要求

在课程内容方面,本科及高等职业学校专科要围绕以下课程内容,根据不同类型学校和不同层次人才培养要求,进一步增强教学的针对性和实效性。

《马克思主义基本原理》主要讲授反映马克思主义世界观和方法论的最基本的原理,帮助学生深刻领会、准确把握马克思主义的根本性质和整体特征,学习掌握贯穿其中的马克思主义立场观点方法,提升运用马克思主义基本原理分析世界的能力,增强对人类社会发展规律、特别是中国特色社会主义发展规律的认识和把握,树立共产主义远大理想和中国特色社会主义共同理想。

《毛泽东思想和中国特色社会主义理论体系概论》主要讲授中国共产党把马克思主义基本原理同中国具体实际相结合产生的马克思主义中国化的两大理论成果,帮助学生理解毛泽东思想、邓小平理论,"三个代表"重要思想、科学发展观、习近平新时代中国特色社会主义思想是一脉相承又与时俱进的科学体系,引导学生深刻理解中国共产党为什么能、马克思主义为什么行、中国特色社会主义为什么好,坚定"四个自信"。

《中国近现代史纲要》主要讲授中国近代以来争取民族独立、人民解放和实现国家富强、人民幸福的历史,帮助学生了解党史、国史、国情,深刻领会历史和人民选择马克思主义、选择中国共产党、选择社会主义道路、选择改革开放的必然性。

《思想道德与法治》主要讲授马克思主义的人生观、价值观、道德观、法治观、社会主义核心价值观与社会主义法治建设的关系，帮助学生筑牢理想信念之基，培育和践行社会主义核心价值观，传承中华传统美德，弘扬中国精神，尊重和维护宪法法律权威，提升思想道德素质和法治素养。高等职业学校结合自身特点，注重加强对学生的职业道德教育。

《形势与政策》主要讲授党的理论创新最新成果，新时代坚持和发展中国特色社会主义的生动实践，马克思主义形势观政策观、党的路线方针政策、基本国情、国内外形势及其热点难点问题，帮助学生准确理解当代中国马克思主义，深刻领会党和国家事业取得的历史性成就、面临的历史性机遇和挑战，引导大学生正确认识世界和中国发展大势，正确认识中国特色和国际比较，正确认识时代责任和历史使命，正确认识远大抱负和脚踏实地。

3. 系列实施纲要和意见的出台为实现学生全面发展目标提供了遵循

（1）《新时代公民道德建设实施纲要》

2019 年 10 月，中共中央、国务院印发《新时代公民道德建设实施纲要》，从提升全民道德建设的高度，系统提出了新时代公民道德建设的重要意义和总体要求，对重点任务、教育引导、实践养成、制度保障等方面进行了部署，强调学校是公民道德建设的重要阵地，对学校在落实《新时代公民道德建设实施纲要》、对学生进行道德教育方面提出了明确要求。

公民道德建设主要包括理想信念、价值理念、道德观念三方面的主要内容。在理想信念方面，要"牢固树立中国特色社会主义共同理想"；在价值理念方面，要"大力弘扬社会主义核心价值观"；在道德观念方面，要"推进社会公德、职业道德、家庭美德、个人品德建设"。而社会公德的主要内容是"文明礼貌、助人为乐、爱护公物、保护环境、遵纪守法"，职业道德的主要内容是"爱岗敬业、诚实守信、办事公道、热情服务、奉献社会"，家庭美德的主要内容是"尊老爱幼、男女平等、夫妻和睦、勤俭持家、邻里互助"，个人品德的主要内容是"爱国奉献、明礼遵规、勤劳善良、宽厚正直、自强自律"。

另外，《新时代公民道德建设实施纲要》对于中华优秀传统文化进行了总结概括：讲仁爱、重民本、守诚信、崇正义、尚和合、求大同的思想理念和自强不息、敬业乐群、扶正扬善、扶危济困、见义勇为、孝老爱亲的传统美德，为在教育教学过程中对中华优秀传统文化的创造性继承和创新性发展提供了内容依据。

文件号召弘扬以爱国主义为核心的民族精神和以改革创新为核心的时代精神，深化改革开放史、新中国历史、中国共产党历史、中华民族近代史、中华文明史教育，弘扬中国人民伟大创造精神、伟大奋斗精神、伟大团结精神、伟大梦想精神，倡导一切有利于团结统一、爱好和平、勤劳勇敢、自强不息的思想和观念，构筑中华民族共有精神家园。要继承和发扬党领导人民创造的优良传统，传承红色基因，赓续精神谱系。要紧紧围绕全面深化改革开放、深入推进社会主义现代化建设，大力倡导解放思想、实事求是、与时俱进、求真务实的理念，倡导"幸福源自奋斗""成功在于奉献""平凡孕育伟大"的理念，弘扬改革开放精神、劳动精神、劳模精神、工匠精神、优秀企业家精神、科学家精神，使全体人民保持昂扬向上、奋发有为的精神状态。此项内容为学校落实习近平总书记的全国教育大会上要求的培养"奋斗精神"提供了教育载体。

文件对道德与法治的关系进行了精辟的论述。"法律是成文的道德，道德是内心的法律"。坚持德法兼治,以道德滋养法治精神,以法治体现道德理念,全面贯彻实施宪法,推动社会主义核心价值观融入法治建设,将社会主义核心价值观要求全面体现到中国特色社会主义法律体系中,体现到法律法规立改废释、公共政策制定修订、社会治理改进完善中,为弘扬主流价值提供良好社会环境和制度保障。

强调学校是公民道德建设的重要阵地,要求把立德树人贯穿学校教育全过程。要全面贯彻党的教育方针,坚持社会主义办学方向,坚持育人为本、德育为先,把思想品德作为学生核心素养、纳入学业质量标准,构建德智体美劳全面培养的教育体系。加强思想品德教育,遵循不同年龄阶段的道德认知规律,结合基础教育、职业教育、高等教育的不同特点,把社会主义核心价值观和道德规范有效传授给学生。注重融入贯穿,把公民道德建设的内容和要求体现到各学科教育中,体现到学科体系、教学体系、教材体系、管理体系建设中,使传授知识过程成为道德教化过程。开展社会实践活动,强化劳动精神、劳动观念教育,引导学生热爱劳动、尊重劳动,懂得劳动最光荣、劳动最崇高、劳动最伟大、劳动最美丽的道理,更好认识社会、了解国情,增强社会责任感。加强师德师风建设,引导教师以德立身、以德立学、以德施教、以德育德,做有理想信念、有道德情操、有扎实学识、有仁爱之心的好老师。建设优良校风,用校训励志,丰富校园文化生活,营造有利于学生修德立身的良好氛围。

(2)《新时代爱国主义教育实施纲要》

2019年11月,中共中央、国务院印发了《新时代爱国主义教育实施纲要》,明确爱国主义是中华民族的民族心、民族魂,是中华民族最重要的精神财富,新时代加强爱国主义教育,对于振奋民族精神、凝聚全民族力量,决胜全面建成小康社会,夺取新时代中国特色社会主义伟大胜利,实现中华民族伟大复兴的中国梦,具有重大而深远的意义。要坚持以马克思列宁主义、毛泽东思想、邓小平理论、"三个代表"重要思想、科学发展观、习近平新时代中国特色社会主义思想为指导,增强"四个意识",坚定"四个自信",做到"两个维护",着眼培养担当民族复兴大任的时代新人,始终高扬爱国主义旗帜,着力培养爱国之情、砥砺强国之志、实践报国之行,使爱国主义成为全体中国人民的坚定信念、精神力量和自觉行动;要坚持把实现中华民族伟大复兴的中国梦作为鲜明主题,把国家富强、民族振兴、人民幸福作为不懈追求,着力扎紧全国各族人民团结奋斗的精神纽带,厚植家国情怀,培育精神家园,引导人们坚持中国道路、弘扬中国精神、凝聚中国力量,为实现中华民族伟大复兴的中国梦提供强大精神动力;要坚持爱党爱国爱社会主义相统一,爱国主义的本质就是坚持爱国和爱党、爱社会主义高度统一,党的领导是中国特色社会主义最本质特征和最大制度优势,坚持党的领导、坚持走中国特色社会主义道路是实现国家富强的根本保障和必由之路,以坚定的信念、真挚的情感把新时代中国特色社会主义一以贯之进行下去;要坚持以维护祖国统一和民族团结为着力点,始终不渝坚持民族团结是各族人民的生命线,巩固和发展平等团结互助和谐的社会主义民族关系,引导全国各族人民像爱护自己的眼睛一样珍惜民族团结,维护全国各族人民大团结的政治局面,巩固和发展最广泛的爱国统一战线,不断增强对伟大祖国、中华民族、中华文化、中国共产党、中国特色社会主义的认同,坚决维护国家主权、安全、发展利益,旗帜鲜明反对分裂国家图谋、破坏民族团结的言行,筑牢国家统一、民族团结、社会稳定的铜墙铁壁;要坚持以立为本、重在建设,坚持从娃娃抓起,着眼固本培元、凝心铸魂,突出思想内涵,强化思想引领,做到润物无声,把基本要求和具体实际结合起来,把全面覆盖和突出重点结合起来,遵循规律、创新发展,注重落细落小落实、日常经常平常,强化教育引导、实践养成、制度保障,推动爱国主义教育融入贯穿国民教育和精神文明建设全过程;要坚持立足中国又面向世界,把弘扬爱国主义精神与扩大对外开放结合起来,尊重各国历史特点、文化传统,尊重各国人民选择的发展道路,善于从不同文明中寻求智慧、汲取营养,促进人类和平与发展的崇高事业,共同推动人类文明发展进步。

新时代加强爱国主义教育,基本内容包括:坚持用习近平新时代中国特色社会主义思想武装全党、教育人民;深入开展中国特色社会主义和中国梦教育;深入开展国情教育和形势政策教育;大力弘扬民族精神和时代精神;广泛开展党史、国史、改革开放史教育;传承和弘扬中华优秀传统文化;强化祖国统一和民族团结进步教育;加强国家安全教育和国防教育。

对于落实爱国主义教育的具体行动方面,作为教育战线,一是充分发挥课堂教学的主渠道作用。培养社会主义建设者和接班人,首先要培养学生的爱国情怀。要把青少年作为爱国主义教育的重中之重,将爱国主义精神贯穿于学校教育全过程,推动爱国主义教育进课堂、进教材、进头脑。在普通中小学、中职学校,将爱国主义教育内容融入语文、道德与法治、历史等学科教材编写和教育教学中,在普通高校将爱国主义教育与哲学社会科学相关专业课程有机结合,加大爱国主义教育内容的比重。创新爱国主义教育的形式,丰富和优化课程资源,支持和鼓励多种形式开发微课、微视频等教育资源和在线课程,开发体现爱国主义教育要求的音乐、美术、书法、舞蹈、戏剧作品等,进一步增强吸引力感染力。二是办好学校思想政治理论课。思想政治理论课是爱国主义教育的主阵地。要紧紧抓住青少年阶段的"拔节孕穗期",理直气壮开好思想政治理论课,引导学生把爱国情、强国志、报国行自觉融入坚持和发展中国特色社会主义事业、建设社会主义现代化强国、实现中华民族伟大复兴的奋斗之中。按照政治强、情怀深、思维新、视野广、自律严、人格正的要求,加强思想政治理论课教师队伍建设,让有信仰的人讲信仰,让有爱国情怀的人讲爱国。推动思想政治理论课改革创新,发挥学生主体作用,采取互动式、启发式、交流式教学,增强思想性理论性和亲和力针对性,在教育灌输和潜移默化中,引导学生树立国家意识、增进爱国情感。三是大中小学的党组织、共青团、少先队、学生会、学生社团等,要把爱国主义内容融入党日团日、主题班会、班队会以及各类主题教育活动之中。广泛开展文明校园创建,强化校训校歌校史的爱国主义教育功能,组织开展丰富多彩的校园文化活动。组织大中小学生参观纪念馆、展览馆、博物馆、烈士纪念设施,参加军事训练、冬令营夏令营、文化科技卫生"三下乡"、学雷锋志愿服务、创新创业、公益活动等,更好地了解国情民情,强化责任担当。密切与城市社区、农村、企业、部队、社会机构等的联系,丰富拓展爱国主义教育校外实践领域。四是在广大知识分子中弘扬爱国奋斗精神。我国知识分子历来有浓厚的家国情怀和强烈的社会责任感。深入开展"弘扬爱国奋斗精神、建功立业新时代"活动,弘扬"两弹一星"精神、载人航天精神等,大力组织优秀知识分子学习宣传,引导新时代知识分子把自己的理想同祖国的前途、把自己的人生同民族的命运紧密联系在一起,立足本职、拼搏奋斗、创新创造,在新时代作出应有的贡献。广泛动员和组织知识分子深入改革开放前沿、经济发展一线和革命老区、民族地区、边疆地区、贫困地区,开展调研考察和咨询服务,深入了解国情,坚定爱国追求。

(3)《关于全面加强新时代大中小学劳动教育的意见》

2020年3月,中共中央、国务院印发《关于全面加强新时代大中小学劳动教育的意见》,强调劳动教育是中国特色社会主义教育制度的重要内容,直接决定社会主义建设者和接班人的劳动精神面貌、劳动价值取向和劳动技能水平;也是国民教育体系的重要内容,学生成长的必要途径,具有树德、增智、强体、育美的综合育人价值。明确劳动教育的总体目标是"使学生能够理解和形成马克思主义劳动观,牢固树立劳动最光荣、劳动最崇高、劳动最伟大、劳动最美丽的观念;体会劳动创造美好生活,体认劳动不分贵贱,热爱劳动,尊重普通劳动者,培养勤俭、奋斗、创新、奉献的劳动精神;具备满足生存发展需要的基本劳动能力,形成良好劳动习惯。"要求学校"整体优化课程设置,将劳动教育纳入中小学国家课程方案和职业院校、普通高等学校人才培养方案,形成具有综合性、实践性、开放性、针对性的劳动教育课程体系。""职业院校以实习实训课为主要载体开展劳动教育,其中劳动精神、劳模精神、工匠精神专题教育不少于16学时。普通高等学校要明确劳动教育主要依托课程,其中本科阶段不少于32学时。除劳动教育必修课程外,其他课程结合学科、专业特点,有机融入劳动教育内容。大中小学每学年设立劳动周,可在学年内或寒暑假自主安排,以集体劳动为主。高等学校也可安排劳动月,集中落实各学年劳动周要求。"根据各学段及教育类型的教育目标确定教育内容:中等职业学校重点是结合专业人才培养,增强学生职业荣誉感,提高职业技能水平,培育学生精益求精的工匠精神和爱岗敬业的劳动态度。高等学校要注重围绕创新创业,结合学科和专业积极开展实习实训、专业服务、社会实践、勤工助学等,重视新知识、新技术、新工艺、新方法应用,创造性地解决实际问题,使学生增强诚实劳动意识,积累职业经验,提升就业创业能力,树立正确择业观,具有到艰苦地区和行业工作的奋斗精神,懂得空谈误国、实干兴邦的深刻道理;注重培育公共服务意识,使学生具有面对重大疫情、灾害等危机主动作为的奉献精神。

(4)《关于全面加强和改进新时代学校体育工作的意见》《关于全面加强和改进新时代学校美育工作的意见》

2020年10月,中共中央办公厅、国务院办公厅印发了《关于全面加强和改进新时代学校体育工作的意见》和《关于全面加强和改进新时代学校美育工作的意见》。

学校体育是实现立德树人根本任务、提升学生综合素质的基础性工程,是加快推进教育现代化、建设教育强国和体育强国的重要工作,对于弘扬社会主义核心价值观,培养学生爱国主义、集体主义、社会主义精神和奋发向上、顽强拼搏的意志品质,实现以体育智、以体育心具有独特功能。要求所有学校以习近平新时代中国特色社会主义思想为指导,全面贯彻党的教育方针,坚持社会主义办学方向,以立德树人为根本,以社会主义核心价值观为引领,以服务学生全面发展、增强综合素质为目标,坚持健康第一的教育理念,推动青少年文化学习和体育锻炼协调发展,帮助学生在体育锻炼中享受乐趣、增强体质、健全人格、锤炼意志,培养德智体美劳全面发展的社会主义建设者和接班人。开齐开足上好体育课,高等教育阶段学校要将体育纳入人才培养方案,学生体质健康达标、修满体育学分方可毕业。

鼓励高校和科研院所将体育课程纳入研究生教育公共课程体系。职业教育体育课程与职业技能培养相结合,培养身心健康的技术人才。高等教育阶段体育课程与创新人才培养相结合,培养具有崇高精神追求、高尚人格修养的高素质人才。学校体育教材体系建设要扎根中国、融通中外,充分体现思想性、教育性、创新性、实践性,根据学生年龄特点和身心发展规律,围绕课程目标和运动项目特点,精选教学素材,丰富教学资源。逐步完善"健康知识+基本运动技能+专项运动技能"的学校体育教学模式。教会学生科学锻炼和健康知识,指导学生掌握跑、跳、投等基本运动技能和足球、篮球、排球、田径、游泳、体操、武术、冰雪运动等专项运动技能。

美是纯洁道德、丰富精神的重要源泉。美育是审美教育、情操教育、心灵教育,也是丰富想象力和培养创新意识的教育,能提升审美素养、陶冶情操、温润心灵、激发创新创造活力。学校要以习近平新时代中国特色社会主义思想为指导,全面贯彻党的教育方针,坚持社会主义办学方向,以立德树人为根本,以社会主义核心价值观为引领,以提高学生审美和人文素养为目标,弘扬中华美育精神,以美育人、以美化人、以美培元,把美育纳入各级各类学校人才培养全过程,贯穿学校教育各学段,培养德智体美劳全面发展的社会主义建设者和接班人。树立学科融合理念,加强美育与德育、智育、体育、劳动教育相融合,充分挖掘和运用各学科蕴含的体现中华美育精神与民族审美特质的心灵美、礼乐美、语言美、行为美、科学美、秩序美、健康美、勤劳美、艺术美等丰富美育资源。有机整合相关学科的美育内容,推进课程教学、社会实践和校园文化建设深度融合,大力开展以美育为主题的跨学科教育教学和课外校外实践活动。完善课程设置,学校美育课程以艺术课程为主体,主要包括音乐、美术、书法、舞蹈、戏剧、戏曲、影视等课程,职业教育将艺术课程与专业课程有机结合,强化实践,开设体现职业教育特点的拓展性艺术课程;高等教育阶段开设以审美和人文素养培养为核心、以创新能力培养为重点、以中华优秀传统文化传承发展和艺术经典教育为主要内容的公共艺术课程。构建大中小幼相衔接的美育课程体系,明确各级各类学校美育课程目标,职业教育强化艺术实践,培养具有审美修养的高素质技术技能人才,引导学生完善人格修养,增强文化创新意识;高等教育阶段强化学生文化主体意识,培养具有崇高审美追求、高尚人格修养的高素质人才。开齐开足上好美育课,严格落实学校美育课程开设刚性要求,不断拓宽课程领域,逐步增加课时,丰富课程内容。高等教育阶段将公共艺术课程与艺术实践纳入学校人才培养方案,实行学分制管理,学生修满公共艺术课程2学分方能毕业。逐步完善"艺术基础知识基本技能+艺术审美体验+艺术专项特长"的教学模式。在学生掌握必要基础知识和基本技能的基础上,着力提升文化理解、审美感知、艺术表现、创意实践等核心素养,帮助学生形成艺术专项特长。

(5)《关于进一步支持大学生创新创业的指导意见》

为深入实施创新驱动发展战略、纵深推进大众创业万众创新、支持大学生创新创业,2021年9月,国务院办公厅下发《关于进一步支持大学生创新创业的指导意见》,要求"提升大学生创新创业能力。将创新创业教育贯穿人才培养全过程。深化高校创新创业教育改革,健全课堂教学、自主学习、结合实践、指导帮扶、文化引领融为一体的高校创新创业教育体系,增强大学生的创新精神、创业意识和创新创业能力。建立以创新创业为导向的新型人才培养模式,健全校校、校企、校地、校所协同的创新创业人才培养机制,打造一批创新创业教育特色示范课程。提升教师创新创业教育教学能力。强化高校教师创新创业教育教学能力和素养培训,改革教学方法和考核方式,推动教师把国际前沿学术发展、最新研究成果和实践经验融入课堂教学。完善高校双创指导教师到行业企业挂职锻炼的保障激励政策。实施高校双创校外导师专项人才计划,探索实施驻校企业家制度,吸引更多各行各业优秀人才担任双创导师。支持建设一批双创导师培训基地,定期开展培训。加强大学生创新创业培训。打造一批高校创新创业培训活动品牌,创新培训模式,面向大学生开展高质量、有针对性的创新创业培训,提升大学生创新创业能力。组织双创导师深入校园举办创业大讲堂,进行创业政策解读、经验分享、实践指导等。支持各类创新创业大赛对大学生创业者给予倾斜。"

三、教育部针对新时代人才培养工作出台了具体落实举措

为贯彻落实中共中央办公厅、国务院办公厅《关于深化新时代学校思想政治理论课改革创新的若干意见》,把思想政治教育贯穿人才培养体系,全面推进高校课程思政建设,发挥好每门课程的育人作用,提高高校人才培养质量,教育部于2020年5月专门出台《高等学校课程思政建设指导纲要》,强调"落实立德树人根本任务,必须将价值塑造、知识传授和能力培养三者融为一体、不可割裂。""要寓价值观引导于知识传授和能力培养之中,帮助学生塑造正确的世界观、人生观、价值观,这是人才培养的应有之义,更是必备内容。这一战略举措,影响甚至决定着接班人问题,影响甚至决定着国家长治久安,影响甚至决定着民族复兴和国家崛起。要紧紧抓住教师队伍'主力军'、课程建设'主战场'、课堂教学'主渠道',让所有高校、所有教师、所有课程都承担好育人责任,守好一段渠、种好责任田,使各类课程与思政课程同向同行,将显性教育和隐性教育相统一,形成协同效应,构建全员全程全方位育人大格局。""要紧紧围绕国家和区域发展需求,结合学校发展定位和人才培养目标,构建全面覆盖、类型丰富、层次递进、相互支撑的课程思政体系。要切实把教育教学作为最基础最根本的工作,深入挖掘各类课程和教学方式中蕴含的思想政治教育资源,让学生通过学习,掌握事物发展规律,通晓天下道理,丰富学识,增长见识,塑造品格,努力成为德智体美劳全面发展的社会主义建设者和接班人。"

《高等学校课程思政建设指导纲要》明确课程思政建设目标要求和内容重点:

课程思政建设工作要围绕全面提高人才培养能力这个核心点,在全国所有高校、所有学科专业全面推进,促使课程思政的理念形成广泛共识,广大教师开展课程思政建设的意识和能力全面提升,协同推进课程思政建设的体制机制基本健全,高校立德树人成效进一步提高。

课程思政建设内容要紧紧围绕坚定学生理想信念,以爱党、爱国、爱社会主义、爱人民、爱集体为主线,围绕政治认同、家国情怀、文化素养、宪法法治意识、道德修养等重点优化课程思政内容供给,系统进行中国特色社会主义和中国梦教育、社会主义核心价值观教育、法治教育、劳动教育、心理健康教育、中华优秀传统文化教育。

——推进习近平新时代中国特色社会主义思想进教材进课堂进头脑。坚持不懈用习

近平新时代中国特色社会主义思想铸魂育人,引导学生了解世情国情党情民情,增强对党的创新理论的政治认同、思想认同、情感认同,坚定中国特色社会主义道路自信、理论自信、制度自信、文化自信。

——培育和践行社会主义核心价值观。教育引导学生把国家、社会、公民的价值要求融为一体,提高个人的爱国、敬业、诚信、友善修养,自觉把小我融入大我,不断追求国家的富强、民主、文明、和谐和社会的自由、平等、公正、法治,将社会主义核心价值观内化为精神追求、外化为自觉行动。

——加强中华优秀传统文化教育。大力弘扬以爱国主义为核心的民族精神和以改革创新为核心的时代精神,教育引导学生深刻理解中华优秀传统文化中讲仁爱、重民本、守诚信、崇正义、尚和合、求大同的思想精华和时代价值,教育引导学生传承中华文脉,富有中国心、饱含中国情、充满中国味。

——深入开展宪法法治教育。教育引导学生学思践悟习近平全面依法治国新理念新思想新战略,牢固树立法治观念,坚定走中国特色社会主义法治道路的理想和信念,深化对法治理念、法治原则、重要法律概念的认知,提高运用法治思维和法治方式维护自身权利、参与社会公共事务、化解矛盾纠纷的意识和能力。

——深化职业理想和职业道德教育。教育引导学生深刻理解并自觉实践各行业的职业精神和职业规范,增强职业责任感,培养遵纪守法、爱岗敬业、无私奉献、诚实守信、公道办事、开拓创新的职业品格和行为习惯。

公共基础课程。要重点建设一批提高大学生思想道德修养、人文素质、科学精神、宪法法治意识、国家安全意识和认知能力的课程,注重在潜移默化中坚定学生理想信念、厚植爱国主义情怀、加强品德修养、增长知识见识、培养奋斗精神,提升学生综合素质。打造一批有特色的体育、美育类课程,帮助学生在体育锻炼中享受乐趣、增强体质、健全人格、锤炼意志,在美育教学中提升审美素养、陶冶情操、温润心灵、激发创造创新活力。

专业教育课程。要根据不同学科专业的特色和优势,深入研究不同专业的育人目标,深度挖掘提炼专业知识体系中所蕴含的思想价值和精神内涵,科学合理拓展专业课程的广度、深度和温度,从课程所涉专业、行业、国家、国际、文化、历史等角度,增加课程的知识性、人文性,提升引领性、时代性和开放性。

实践类课程。专业实验实践课程,要注重学思结合、知行统一,增强学生勇于探索的创新精神、善于解决问题的实践能力。创新创业教育课程,要注重让学生"敢闯会创",在亲身参与中增强创新精神、创造意识和创业能力。社会实践类课程,要注重教育和引导学生弘扬劳动精神,将"读万卷书"与"行万里路"相结合,扎根中国大地了解国情民情,在实践中增长智慧才干,在艰苦奋斗中锤炼意志品质。

《高等学校课程思政建设指导纲要》要求结合专业特点分类推进课程思政建设,其中对于理学、工学类专业课程,"要在课程教学中把马克思主义立场观点方法的教育与科学精神的培养结合起来,提高学生正确认识问题、分析问题和解决问题的能力。理学类专业课程,要注重科学思维方法的训练和科学伦理的教育,培养学生探索未知、追求真理、勇攀科学高峰的责任感和使命感。工学类专业课程,要注重强化学生工程伦理教育,培养学生精益求精的大国工匠精神,激发学生科技报国的家国情怀和使命担当。"

四、交通强国战略对我国海船船员队伍建设提出的需求

2019 年 9 月,中共中央、国务院印发了《交通强国建设纲要》,提出从 2021 年到本世纪中叶,分两个阶段推进交通强国建设:到 2035 年,基本建成交通强国;到本世纪中叶,全面建成人民满意、保障有力、世界前列的交通强国。在《交通强国建设纲要》的人才队伍部分,提出打造素质优良的交通劳动者大军。"弘扬劳模精神和工匠精神,造就一支素质优良的知识型、技能型、创新型劳动者大军。大力培养支撑中国制造、中国创造的交通技术技能人才队伍,构建适应交通发展需要的现代职业教育体系。"

2021 年 5 月,应我国船员队伍职业发展需求和航运业高质量发展要求,交通运输部联合教育部、财政部、人力资源和社会保障部、退役军人事务部、中华全国总工会印发《关于加强高素质船员队伍建设的指导意见》,进一步优化船员职业发展环境,推动建设高素质船员队伍,确定了六大方面 19 项具体措施,力争推动解决当前和今后一个时期船员队伍建设面临的问题和挑战。

一是拓宽船员培养渠道,激励航海相关专业招生,支持退役军人加入船员队伍,多渠道吸纳培养船员;二是提升船员职业素养,提升船员综合素质,注重船员培训实效,不断优化船员培养模式,打造航海教育培训品牌;三是强化企业主体责任,推进船员自有化,完善再培训制度,积极保障船员权益,倡导尊崇船员职业、尊重船员劳动的企业文化;四是优化船员服务,加强顶层设计,依托科学技术便利船员办事,搭建船员职业发展平台,同时加强国际合作,让中国船员"走出去";五是完善船员权益保障制度,构建和谐劳动关系,促进船员服务行业自律,落实船员职业优惠政策;六是加大航海文化培育和宣传力度,弘扬航海文化,不断提升船员职业荣誉感。

其中第二方面"提升船员职业素养(提升船员质量)"包含以下四方面举措:一是提升综合素质。推进爱国主义、社会公德、职业道德、法治观念、责任意识、安全意识、权益保障等内容进大纲、进教材、进课堂、进考题,大力实践社会主义核心价值观,着力提升船员综合素质。二是注重培训实效。加强船员考试设施、设备建设,联合推进船员教育培训"双师型"师资队伍建设,激励优秀管理级船员进入航海教师队伍;强化实践教学和实际操作训练要求,提高船员的关键操作能力、应急应变能力和航海英语运用能力。三是优化培养模式。深化产教融合,鼓励校企合作,推行船员订单式培养;探索建立资源共享型实习实训模式;深化船员培训考试发证管理改革,倡导航海相关专业开展错峰实习,推行"理论考试—船上见习—实操评估"分段式培养模式,优化船员职务晋升制度。四是铸造航海教育培训品牌。推动航海相关专业建设,协同制定航海相关专业教学标准,优化课程设计和人才培养方案,注重适应航运新业态需求和发展的学科专业建设。

中国船员确立了"爱国、进取、敬业、奉献"的职业精神,船员教育培训机构需准确、全面领会职业精神的内涵,深入分析船员职业精神与党和国家对新时代青年素质要求之间的关系,将职业精神的教育贯穿人才培养全过程。同时,各教育培训机构需根据本机构文化历史传统、所处地域特色、发展愿景、服务面向等因素,总结、设计具有本机构特色的船员教

育培训专业精神,协同推进船员素质教育。

综上,各船员教育培训机构务必坚持党对高校的领导,深入学习贯彻习近平总书记系列重要讲话精神和治国理政新理念新思想新战略,全面贯彻党的教育方针,坚持社会主义办学方向,以立德树人为根本,以理想信念教育为核心,以社会主义核心价值观为引领,全员全过程全方位育人,把思想价值引领贯穿教育教学全过程和各环节,形成教书育人、科研育人、实践育人、管理育人、服务育人、文化育人、组织育人长效机制,把握师生思想特点和发展需求,遵循教育规律、思想政治工作规律、学生成长规律,传授基础知识与培养专业能力并重,强化学生职业素养养成和专业技术积累,将专业精神、职业精神和工匠精神融入人才培养全过程。为实现"两个一百年"奋斗目标、实现中华民族伟大复兴的中国梦,培养又红又专、德才兼备、全面发展的中国特色社会主义合格建设者和可靠接班人。

五、党和国家对船员素质要求的梳理总结

梳理总结上述习近平总书记对新时代青年的期许和关于教育工作的重要论述以及党和国家对新时代船员培养的系列要求,形成表 1-1 的新时代船员的思政素质要求,以在学校教育教学过程中贯彻落实。

表 1-1　新时代船员的思政素质要求

一级指标	二级指标	培养目标	指标内涵	实现载体
德	理想信念	树立共产主义远大理想和中国特色社会主义共同理想,增强中国特色社会主义道路自信、理论自信、制度自信、文化自信,立志肩负起民族复兴的时代重任	学习掌握中国共产党把马克思主义基本原理同中国具体实际相结合产生的马克思主义中国化的两大理论成果,理解毛泽东思想、邓小平理论、"三个代表"重要思想、科学发展观、习近平新时代中国特色社会主义思想是一脉相承又与时俱进的科学体系,深刻理解中国共产党为什么能、马克思主义为什么行、中国特色社会主义为什么好,坚定"四个自信"	《毛泽东思想和中国特色社会主义理论体系概论》
			主要围绕科学回答新时代坚持和发展什么样的中国特色社会主义、怎样坚持和发展中国特色社会主义,建设什么样的社会主义现代化强国、怎样建设社会主义现代化强国,建设什么样的长期执政的马克思主义政党、怎样建设长期执政的马克思主义政党等重大时代课题,重点向学生讲清楚习近平新时代中国特色社会主义思想的历史地位、中国特色社会主义新时代的	《习近平新时代中国特色社会主义思想概论》

表1-1(续1)

一级指标	二级指标	培养目标	指标内涵	实现载体
德	理想信念	树立共产主义远大理想和中国特色社会主义共同理想,增强中国特色社会主义道路自信、理论自信、制度自信、文化自信,立志肩负起民族复兴的时代重任	历史方位、以中国式现代化推进中华民族伟大复兴的内涵和意义、坚持党的全面领导的决定性作用、新时代坚持人民至上的重大贡献、统筹推进"五位一体"总体布局、协调推进"四个全面"战略布局的系统筹划、统筹发展和安全的治国理政方略、构建人类命运共同体的天下胸怀、贯穿其中的科学世界观和方法论,帮助学生坚持以习近平新时代中国特色社会主义思想武装自己,引导学生在新征程中勇当开路先锋、争当事业闯将,成长为有理想、敢担当、能吃苦、肯奋斗的新时代好青年	《习近平新时代中国特色社会主义思想概论》
			全面了解我们党领导人民进行艰苦卓绝的斗争历程,了解中国近代以来的斗争史、我们党成立以来的奋斗史、新中国成立以来以及改革开放以来的发展史,帮助学生深刻领会历史和人民选择马克思主义、选择中国共产党、选择社会主义道路、选择改革开放的必然性。让学生能感悟马克思主义真理的力量,做到牢记历史、不忘初心,知史爱党、知史爱国	"四史"教育
			掌握党的理论创新最新成果,新时代坚持和发展中国特色社会主义的生动实践,马克思主义的形势观与政策观、党的路线方针政策、基本国情、国内外形势及其热点难点问题,帮助学生准确理解当代中国马克思主义,深刻领会党和国家事业取得的历史性成就、面临的历史性机遇和挑战,引导大学生正确认识世界和中国发展大势,正确认识中国特色和国际比较,全面客观认识当代中国、看待外部世界,正确认识时代责任和历史使命,正确认识远大抱负和脚踏实地	《形势与政策》

表 1-1(续 2)

一级指标	二级指标	培养目标	指标内涵	实现载体
德	爱国主义	热爱和拥护中国共产党,立志听党话、跟党走,立志扎根人民、奉献国家	爱国主义是民族精神的核心,本质就是坚持爱国和爱党、爱社会主义高度统一。作为航海类专业,尤其须加强国家安全教育和国防教育	将爱国主义精神贯穿于学校教育全过程
	思想品德	培育和践行社会主义核心价值观,踏踏实实修好品德,成为有大爱大德大情怀的人	树立马克思主义的人生观、价值观、道德观、法治观,树立国家意识、法治意识、社会责任意识,明确社会主义核心价值观与社会主义法治建设的关系,筑牢理想信念之基,做社会主义核心价值观的坚定信仰者、积极传播者、模范践行者。传承中华传统美德,提升社会公德、职业道德、家庭美德、个人品德素养,弘扬中国精神,尊重和维护宪法法律权威,提升思想道德素质和法治素养	《思想道德与法治》
	职业道德	深刻理解并自觉践行船员的职业精神和职业规范,增强职业责任感	把马克思主义立场观点方法的教育与实事求是、独立思考、勇于创造的科学精神培养结合起来,提高学生正确认识问题、分析问题和解决问题的能力。注重科学思维方法的训练和科学伦理的教育,培养学生探索未知、追求真理、勇攀科学高峰的责任感和使命感。注重强化学生工程伦理教育,培养学严谨专注、敬业专业、精益求精、追求卓越的工匠精神,激发学生科技报国的家国情怀和使命担当。培养学生遵纪守法、爱岗敬业、无私奉献、诚实守信、公道办事、开拓创新的职业品格和行为习惯。注重培养"爱国、进取、敬业、奉献"的船员职业精神,培树国家安全、节能减排、绿色环保、社会责任、海洋科学等方面的意识	专业课程及实践类课程

表 1-1(续 3)

一级 指标	二级 指标	培养目标	指标内涵	实现载体
智	专业 知识	珍惜学习时光,心无旁骛求知问学,增长见识,丰富学识,沿着求真理、悟道理、明事理的方向前进		专业课程及实践类课程以及体育等课程,充分利用第二课堂
	综合 能力	认知能力	学习能力,逻辑思考,信息加工,语言表达,文字写作,终身学习	
		合作能力	自我管理,与人合作,交际沟通,道德准则,行为规范	
		创新能力	创新人格,创新思维,创新实践	
		职业能力	爱岗敬业,精益求精、知行合一,手脑并用	
体			具有健康的体魄、心理和健全的人格,掌握基本运动知识和一两项运动技能,通过运动享受乐趣、增强体质、健全人格、锤炼意志;养成良好的健身与卫生习惯	
美			具有一定的审美和人文素养,能够培养一两项艺术特长或爱好,陶冶情操,提升情趣	
劳			理解和形成马克思主义劳动观,牢固树立劳动最光荣、劳动最崇高、劳动最伟大、劳动最美丽的观念;体会劳动创造美好生活,体认劳动不分贵贱,热爱劳动,尊重普通劳动者,培养勤俭、奋斗、创新、奉献的劳动精神;具备满足生存发展需要的基本劳动能力,形成良好劳动习惯	

第二章 行业发展新趋势对船员的素质要求

《国家职业教育改革实施方案》中明确要求，专业人才培养须"将新技术、新工艺、新规范纳入教学标准和教学内容"。对于航运业，近来行业关注的新要求主要集中在"绿色航运"和"智能航运"两个方面。

一、围绕"绿色航运"，加大船员环保意识、知识和技能培养力度

2021年9月22日，中共中央、国务院发布《关于完整准确全面贯彻新发展理念做好碳达峰碳中和工作的意见》，开篇明确"实现碳达峰、碳中和，是以习近平同志为核心的党中央统筹国内国际两个大局作出的重大战略决策，是着力解决资源环境约束突出问题、实现中华民族永续发展的必然选择，是构建人类命运共同体的庄严承诺。"要求全国上下"深入贯彻习近平生态文明思想，立足新发展阶段，贯彻新发展理念，构建新发展格局，坚持系统观念，处理好发展和减排、整体和局部、短期和中长期的关系，把碳达峰、碳中和纳入经济社会发展全局，以经济社会发展全面绿色转型为引领，以能源绿色低碳发展为关键，加快形成节约资源和保护环境的产业结构、生产方式、生活方式、空间格局，坚定不移走生态优先、绿色低碳的高质量发展道路，确保如期实现碳达峰、碳中和"。在部署的工作任务中，强调要"加快推进低碳交通运输体系建设"。随后，国务院出台《2030年前碳达峰行动方案》，提出"将碳达峰贯穿于经济社会发展全过程和各方面，重点实施能源绿色低碳转型行动、节能降碳增效行动、工业领域碳达峰行动、城乡建设碳达峰行动、交通运输绿色低碳行动、循环经济助力降碳行动、绿色低碳科技创新行动、碳汇能力巩固提升行动、绿色低碳全民行动、各地区梯次有序碳达峰行动等'碳达峰十大行动'"，将"交通运输绿色低碳行动"摆到了重要位置。

两个文件均要求"把绿色低碳发展纳入国民教育体系""增强全民节约意识、环保意识、生态意识，倡导简约适度、绿色低碳、文明健康的生活方式，把绿色理念转化为全体人民的自觉行动""开展多种形式的资源环境国情教育，普及碳达峰、碳中和基础知识"。2022年4月，教育部印发《加强碳达峰碳中和高等教育人才培养体系建设工作方案》，要求面向碳达峰碳中和目标，把习近平生态文明思想贯穿于高等教育人才培养体系全过程和各方面，加强绿色低碳教育，为实现碳达峰碳中和目标提供坚强的人才保障和智力支持。

在我国天津举办的首届世界职业教育发展大会上，"可持续发展背景下的全球绿色技能战略"作为14个论坛之一，于2022年8月20日成功召开，会议围绕绿色技能开发的必要性、内涵、类型、开发方法和实践经验等内容进行探索，达成了多方共识。论坛关于加深职业教育开发绿色技能重大意义的认识，明确绿色技能的内涵、类型、开发路径和方法，建立和加强国内外同行在绿色技能开发方面的合作等方面的内容，对职业教育更好地促进社会可持续发展具有重大意义。

论坛嘉宾从资源不足与浪费、环境破坏,国际倡导与承诺、新环境标准引入,以及客户选择偏好等方面,阐述了绿色技能开发的必要性。会议认为:绿色技能开发在国际上已经取得了一定的成果,但总体说来,我国职业教育在绿色技能开发方面,还没有全方面全过程融入绿色理念,没有系统性开发绿色技能;我国职业教育界对绿色技能内涵的理解还局限在环境保护方面,没有综合考虑经济、环境和社会因素对绿色技能开发的要求;对职业教育开发绿色技能的要求或激励机制还没有形成。绿色技能开发对于我国和世界的发展至关重要。习近平总书记提出了"两山理论",生态文明建设已纳入中国特色社会主义总体布局。近几年,中国积极促进国内外社会可持续发展。为激发我国职业教育服务可持续发展的潜力,更好促进经济绿色转型,为行业培养和输送合格的绿色技能人才,与会代表从不同角度提出了各自观点。

我国代表论坛承办机构,提出了如下倡议。

1. 系统开发,将绿色技能融入职业教育的全方面和全过程

"十四五"期间,要求将绿色理念融入社会的全方面和全过程。职业教育需要贯彻国家要求、方方面面和各个阶段。在专业建设、课程开发、教学过程、校园建设,以及教师能力提升等方面,均要融入绿色技能内容。

2. 建立机制,将绿色技能内容列入职业教育相关标准或指标

尽管我国职业教育在绿色技能开发方面取得了一定的成果,但对绿色技能开发工作的倡导力度不够。有必要将绿色技能作为必修内容列入职业教育专业教学标准,列入职业技术教师专业标准内容,开发绿色技能评估指标体系,引导规范职业教育的绿色技能开发工作。

3. 完善内容,将绿色技能通用清单融入所有专业

在对行业企业调研、对相关职业进行分析的基础上,教育部职业教育发展中心牵头执行的亚太经合组织(APEC)项目"职业教育系统开发绿色技能"开发了通用性绿色技能内容清单。新冠肺炎疫情后,职业、技术、社会环境等很多方面已发生重大变化。有必要开展新周期的行业企业调研和职业分析,对 APEC 项目的通用性绿色技能清单内容进行修订,并将修订后的通用性绿色技能清单内容融入专业教学标准。

4. 提升能力,开发职业技术教师绿色技能

要想开发学生的绿色技能,教师掌握是前提。建议将绿色技能作为必要内容,列入职业技术教师资格标准,列入职业技术教师培养培训课程内容,列入职业技术教师教学技能大赛评估指标。在职业技术教师培训项目中,设立绿色技能开发专门项目,提升所有类型、所有层次职业技术教师绿色技能意识和水平。

建设绿色校园,用绿色智慧赋能学校建设。以培养满足绿色经济社会发展需要的绿色人才为目标,建立健全绿色学校创建制度、政策、标准体系,使师生养成绿色生活方式和良好习惯。加快培养绿色发展急需的技术技能人才,将职业院校打造成绿色低碳产业人才的培养高地。

5. 服务社区,职业技术教师和学生成为绿色转型的促进者

可持续社会建设,需要人人参与、人人行动。职业技术教师和学生需要利用自己掌握的绿色技能积极行动,走入社区、走入行业企业,自己的绿色行动示范、专门的活动宣传,可

以使更多的人加入绿色转型行列。

6.加强国际合作与交流,互鉴互学,贡献中国方案

加强与联合国教科文组织、国际劳工组织、联合国开发计划署和世界银行等国际组织,以及包括澳大利亚和加拿大等在绿色技能开发有丰富经验的国家建立或加强联系。需要对我国职业教育绿色技能开发的政策、理论与实践进行梳理,明确我们的成果与不足。加强研究,与国际同仁共同探索,形成典型经验,通过联合国教科文组织职业教育网络,分享中国成果。

美国国家海洋和大气管理局曾发布报告显示,全球每年排放的氮氧化物气体中有 30%是来自海上船舶,因此船员教育培训要完整、准确、全面贯彻新发展理念,深刻认识"绿色"发展的重要意义,在船员培养过程中主动宣扬绿色航运理念,重点在《个人安全与社会责任》《主推进动力装置》《船舶管理》等涉能耗、环境的课程中加大绿色航运知识培养力度;充分利用实践教学环节积极培育绿色航运意识,切实提高船员相关技能;教育船员掌握低碳发展和节能减排的法律政策、标准规范、操作管理,以满足绿色航运发展的要求。

二、围绕"智能航运",保证船员知识、技能紧跟科技发展前沿

为贯彻党的十九大关于建设现代化经济体系、创新型国家和交通强国等战略部署,深入落实《国务院关于印发新一代人工智能发展规划的通知》精神,加快现代信息、人工智能等高新技术与航运要素的深度融合,培育和发展智能航运新业态,2019 年 5 月,交通运输部、中央网信办、国家发展改革委、教育部、科技部、工业和信息化部、财政部联合印发《智能航运发展指导意见》(以下简称《意见》),《意见》部署了"加强顶层设计和系统谋划""提升港口码头和航运基础设施的信息化智能化水平""推进智能船舶技术应用""加强智能航运技术创新""加快船舶智能航行保障体系建设""提升港口及其重大装备和智能航运仪器、设备、系统的设计与建(制)造能力""培育智能航运服务新业务新模式""防范智能航运安全风险""加强智能航运法规标准与监管机制建设""加强智能航运人才培养"等十大主要任务,其中"加强智能航运人才培养"部分要求:分析智能航运新业态下人才需求变化,以专业院校培养、国际联合培养、企业合作培养及人才再教育等方式加快智能航运核心人才培养;适应智能航运发展趋势与需求,调整优化相关院校专业教育结构,增加复合型、应用型人才培养,加快智能航运新业态所需的多方面多层次人才培养,为加速智能航运发展提供人才保障。

船舶既是船员的工作对象,同时也是船员的工作、生活场所,因此"智能船舶"作为"智能航运"的重要组成部分,对船员的教育和培养具有特殊意义。智能船舶融合了人工智能和现代信息技术,是未来船舶的发展方向,也是国际航运界研究的热点,在船员教育过程中必须高度重视。船员教育培训机构需要及时更新传统航海类专业人才培养的理念和方式,提前布局智能时代的航海教育,培养新一代对智能航海系统及产品进行维护、操作、营运等方向的复合型技术技能人才,无缝对接智能船舶时代的需求。

在 2018 年国际海事组织(IMO)海上安全委员会第 99 次会议上,IMO 正式宣布将研究并制定相关公约规范解决海上水面自动船舶安全、安保、环保等一系列问题,并对无人驾驶

船舶给出了初步定义。中国船级社(CCS)于 2015 年 12 月发布了《智能船舶规范》,规范于 2016 年 3 月正式生效,该规范包含智能航行、智能船体、智能机舱、智能能效管理、智能货物管理和智能集成平台等六大功能,并对不同等级的功能提出了相应的要求。随着船舶智能化技术的不断发展变化,中国船级社充分考虑国内外智能船舶的研发与应用经验,以及未来船舶智能化的发展方向,对《智能船舶规范》(2015)进行了优化与完善,发布了《智能船舶规范》(2020),较 2015 版增加了远程控制(船上有船员 R1)、远程控制(船上无船员 R2)以及自主船舶(A1、A2、A3)功能要求,并对智能船舶进行了定义。规范中指出,智能船舶需要具备如下特点:(1)感知能力。智能船舶能够对船体本身和船舶上的设备进行感知,同时能够对船舶外部环境进行感知,捕获外部环境信息。(2)记忆和思维能力。智能船舶能够对收集的外部信息以及船舶智能系统自身思维产生的信息进行整合,系统能够对这些信息进行自主分析、判断与自主决策。(3)学习能力和自适应能力。智能船舶能通过自主学习积累知识,对外界变化的环境实现自适应。(4)行为决策能力。智能船舶能够针对外界环境的变化作出实时反应,系统完成自主决策并发出决策信息给执行机构。2019 年,我国工业和信息化部、交通运输部、国防科工局三部委联合印发《智能船舶发展行动计划(2019—2021 年)》,提出"加强后备人才培养力度,鼓励企业和高等院校深化合作,优化学科和课程设置,扩大相关专业学生规模,为智能船舶发展提供智力保障"。

　　世界主要造船国家均在竭尽全力推进本国智能船舶的研发与实船应用。我国在"智能船舶"方面不但政策及时、完备,在研发实践等方面也走在世界前列。2017 年 12 月,我国首艘自主研发建造的智能船舶"大智"号,也是全球首艘通过船级社认证的智能船舶成功交付,实现了船舶智能集成信息平台、智能运行与维护系统、智能航行系统等关键核心系统的自主研制和集成应用,技术性能达到世界领先水平。2018 年 11 月,全球首艘 40 万吨智能超大型矿砂船"明远号"交付,实现了辅助自动驾驶、能效管理、设备运维、船岸一体通信、货物液化监测等五大智能模块功能。2023 年 1 月,全球首艘智能型无人系统科考母船"珠海云"圆满完成各项海试目标任务,正式交付使用。该船是全球首艘具有自主航行功能和远程遥控功能的智能型海洋科考船,获得了中国船级社颁发的首张智能船舶证书。其设计建造贯彻了"绿色智能""无人系统科考支持"和"未来感"等设计理念,主体设备国产化率高,动力系统、推进系统、智能系统、动力定位系统以及调查作业支持系统等均为我国自主研制。

　　智能船舶关键技术涉及航海技术、轮机工程、物联网、人工智能、大数据处理、控制理论等跨专业、多学科知识,船舶智能化每前进一步,船员所要具备的专业知识和应掌握的技能就提高一个台阶。目前驾驶员只需掌握航海专业知识,但随着无人机舱的应用,要求驾驶员还应具备轮机工程专业的基本知识、系统应用和操作技能,在管理能力和技术水平上必须具备更高的水准。为了适应智慧航运发展的要求,船员应不断学习,提升自身综合素质,成为集多学科知识于一身的高素质复合型航海类专门人才。

　　伴随智能船舶的迅猛发展,船员教育培训机构在专业课中需同步融入船舶智能最新成果,并通过讲座、选修等方式,拓宽学生知识面,使学生全面了解智能船舶的相关知识。适时探索开发、开设"船舶智能控制""船联网"等相关智能船舶课程,以应对一日千里的科技发展在"智能船舶""智能航海"领域的广泛推进。

第三章　行业企业对船员的素质需求

一、行业总体情况概述

2020 年中国海运进出口量达 34.6 亿吨,约占我国国际贸易货物量的 95%,全球海运贸易量的 30%,贸易进出口总值 32.16 万亿元人民币,同比增长 1.9%,是全球唯一实现货物贸易正增长的主要经济体。我国"一带一路"倡议稳步推进,正从海洋大国向海洋强国、交通强国迈进,水上运输、船舶建造、船员数量等指标稳居世界前列,海运航线和服务网络遍布全球。

船员队伍规模不断扩大。依据 2021 年发布的《2020 中国船员发展报告》,截至 2020 年底,我国持有国际航行海船适任证书的船员共计 1 716 866 人,同比增长 3.5%。海船船员808 183 人,同比增长 3.0%;内河船舶船员 908 683 人,同比增长 3.9%。2020 年具有海上服务资历的海船船员 377 638 人,占海船船员总数的 46.7%。截至 2020 年底,我国持有国际航行海船适任证书的船员共计 269 995 人,同比增长 4.1%。其中,船长 17 256 人,轮机长、大副、大管轮、二副、二管轮、三副、三管轮等高级船员 91 835 人,值班机工、高级值班机工等普通船员 160 904 人。

总体来看,我国船员队伍规模基本满足我国航运发展需要,专业技能能够满足国际公约和国内法规要求的适任能力标准;国际竞争力不断提升,我国已先后与 27 个世界主要海运国家和地区签署了船员证书认可协议,近年来年均外派海员超过 13 万人次,船员证书的"含金量"不断提高。

但是职业吸引力下降、整体素质需要提升、职业发展环境亟待优化等诸多现实问题,在一定程度上影响和制约着船员队伍的可持续发展。首先,船员队伍结构性失衡,长期发展后劲不足。尽管我国注册船员队伍体量较大,但活跃船员不足一半,占比偏低,2020 年底统计,具有海上服务资历的海船船员 377 638 人,仅占海船船员总数的 46.7%。其次,职业吸引力下降,表现在航海专业毕业生参加适任考试意愿不强和弃船上岸人数增加。以 2018年、2019 年为例,连续两年三副、三管轮适任考试一次性通过率不足 25%,2018 年新晋无限航区三副和三管轮合计不足 3 200 人,2019 年更是进一步下滑至不足 1 800 人;毕业生在船服务时间降低,流失率居高不下,三副、三管轮、二副、二管轮等操作级船员流失严重,弃船上岸、另谋职业现象比较突出。第三,船员队伍结构性问题较为突出。高级船员的平均年龄呈上升趋势,特定船种的船员短缺现象明显,高端航海人才紧缺,对航运企业用人造成一定影响。船员队伍发展后劲不稳,供需关系略显失衡。

2021 年 5 月,为落实《交通强国建设纲要》,推动我国高素质船员队伍建设、促进航运业高质量发展,交通运输部联合教育部、财政部、人力资源和社会保障部、退役军人事务部、中华全国总工会印发了《关于加强高素质船员队伍建设的指导意见》,旨在进一步优化船员职业发展环境,着力以改革创新推进高素质船员队伍建设。

新修订的《海上交通安全法》于 2021 年 9 月 1 日施行,首次将船员权益保障写入国内法律,为增加行业吸引力、推进高素质船员队伍建设提供了坚实的法律保证。

二、用人单位对船员的素质要求

在我国,培养航海人才的航海类专业主要指航海技术、轮机工程技术和船舶电子电气工程三个专业。为调查航运企业对人才培养的素质要求,对海事管理机构及国内典型的大型企业及中小型企业进行调研。在此,主要以轮机工程技术专业为例作以介绍,航海技术等专业的情况与轮机工程技术专业类似。

(一)调研对象

1. 海事管理机构:辽宁海事局。

2. 大型企业:中远海运船员管理有限公司大连分公司、大连中远海运重工有限公司、渤海造船厂集团有限公司、北京鑫裕盛船舶管理有限公司大连分公司、森海海事服务有限公司大连分公司。

3. 中小型企业或私营企业:大连海达船员管理有限公司、大连华洋海事有限公司、星航国际船舶管理(大连)有限公司。

(二)调研内容

参考《职业大典》,轮机工程技术专业岗位设置表见表 3-1。

表 3-1　轮机工程技术专业岗位设置表

专业岗位方向	所属专业大类(代码)	所属专业类(代码)	对应行业(代码)	主要职业类别(代码)	主要岗位类别(或技术领域)	职业资格证书或技能等级证书举例
海上方向	交通运输大类(60)	水上运输类(6003)	水上运输业(55)	船舶指挥和引航人员(2-04-02)	轮机部技术人员—船舶轮机员(2-04-02-02)	主推进动力装置 750 kW 及以上船舶三管轮适任证书、海船船员培训合格证
				水上运输设备操作人员及有关人员(6-30-04)	船舶机舱设备操作工—值班机工(6-30-04-02)	主推进动力装置 750 kW 及以上船舶值班机工证书、海船船员培训合格证
陆上方向				船舶制造人员(6-23-02)	船舶机械装配工(6-23-02-02)	
				船舶、民用航空器修理人员(6-31-02)	船舶修理工(6-31-02-01)	

1. 调研内容

海事管理机构及用人单位对轮机工程技术专业从业人员基本情况和人才素质需求情况汇总成"轮机工程技术专业企业调研内容综述表",见表 3-2。

表 3-2 轮机工程技术专业企业调研内容综述表

企业类型	企业名称	专业岗位	从业人员基本情况	人才需求情况
海事管理机构	辽宁海事局	三管轮值班机工	随着无人机舱和船舶互联网的普及,轮机部船员在船工作舒适度大幅度提升;随着船员工资的快速上涨,行业吸引力逐步增加	现阶段轮机员供求失衡,处于极度缺乏状态,由于三管轮需要接受学历教育,人才培养周期较长,这种失衡状态将维持一段时间;值班机工培训周期较短,供求关系有望得到缓解
大型企业	中远海运船员管理有限公司大连分公司	三管轮值班机工	公司船队以油轮为主,招聘船员不只为大连分公司服务,也向整个中国远洋海运集团有限公司提供人才,现阶段持有三管轮适任证书的船员约占30%,非常缺乏,薪资待遇为 25 000 元/月。持有值班机工适任证书的船员约占60%,目前非常缺乏,其薪资待遇约为 8 000 元/月	每年拟招聘实习三管轮约100名,实习机工约70名;公司更看重以下方面:(1)爱国、进取、敬业、奉献,忠诚度;(2)服从服务意识,工匠精神;(3)英语应用能力,实践动手能力;(4)设备操作能力;(5)学习能力,心理健康、人格健全,团队协作能力等;(6)电子电气员岗位人才供给不足
	北京鑫裕盛船舶管理有限公司大连分公司	三管轮值班机工	持有三管轮适任证书的船员约占70%,非常缺乏,薪资待为 5 000 美元/月。持有值班机工适任证书的船员约占20%,目前非常缺乏,其薪资待遇为 1 900 美元/月	每年拟招聘实习三管轮约80名,实习机工约50名,公司更看重以下方面:(1)从业意愿、企业忠诚度;(2)服从服务意识,工匠精神;(3)英语应用能力,实践动手能力;(4)设备操作能力;(5)学习能力,心理健康、人格健全,团队协作能力等;(6)船员具有地域特点,北方船员普遍家庭观念较重,缺乏拼搏精神

表 3-2(续 1)

企业类型	企业名称	专业岗位	从业人员基本情况	人才需求情况
大型企业	森海海事服务有限公司大连分公司	三管轮值班机工	持有三管轮适任证书的船员约占 60%,非常缺乏,薪资待遇涨幅较大,目前约为 5 000 美元/月。持有值班机工适任证书的船员约占 30%,目前非常缺乏,其薪资待遇为 1 700～1 800 美元/月	每年拟招聘实习三管轮约 50 名,实习值班机工约 50 名,公司更看重以下方面:(1)从业意愿、企业忠诚度;(2)服从服务意识,工匠精神;(3)英语应用能力,实践动手能力;(4)设备操作能力;(5)学习能力,心理健康、人格健全,团队协作能力等;(6)船员具有地域特点,北方船员普遍家庭观念较重,缺乏拼搏精神
	渤海造船厂集团有限公司	船舶机械装配工、船舶修理工	轮机工程技术专业人才培养中基本包括了船舶所有机械和电气设备,所以船厂有很多岗位适合轮机毕业生,此专业毕业生在船厂主要任职于船舶修造类岗位。往届毕业生在厂表现良好,现阶段薪资待遇为 5 000～7 000 元/月,在域内属于较高收入水平,学生流失率很低	每年拟招聘 30 名以上轮机专业实习生,公司更看重以下方面:(1)专业知识、实践技能;(2)职业道德,工匠精神;(3)学习能力、团队协作能力等;(4)安全意识,环保意识
	大连中远海运重工有限公司	船舶机械装配工、船舶修理工	轮机工程技术专业人才培养中基本包括了船舶所有机械和电气设备,所以,船厂有很多岗位适合轮机毕业生,此专业毕业生在船厂主要任职于船舶修造类岗位	每年拟招聘 5～10 名轮机专业实习生,公司更看重以下方面:(1)专业知识、实践技能;(2)职业道德、工匠精神;(3)学习能力、团队协作能力等;(4)吃苦耐劳精神、努力拼搏的意志
中小型企业	大连华洋海事有限公司	三管轮值班机工	持有三管轮适任证书的船员约占 75%,非常缺乏,薪资待遇目前约为 5 000 美元/月。持有值班机工适任证书的船员约占 20%,目前非常缺乏,其薪资待遇约为 1 900 美元/月	高素质航海技术技能型人才,每年拟招聘实习三管轮约 40 名,实习值班机工约 40 名。需要从业意愿及稳定度高、吃苦耐劳,具有较强服从服务意识、纪律意识、较强英语应用能力、设备操作能力的人才

表 3-2(续 2)

企业类型	企业名称	专业岗位	从业人员基本情况	人才需求情况
中型企业	大连海达船员管理有限公司	三管轮值班机工	持有液货船特殊培训合格证的三管轮、值班机工薪资待遇较普通散货船、集装箱船高,岗位适任能力、工作责任心要求极高	高素质航海技术技能人才,每年拟招聘实习三管轮约20名,实习值班机工约20名。需要从业意愿及稳定度高,具有较强专业知识和实践能力、高度工作责任心、较强英语应用能力、设备操作能力、自学能力和解决问题能力的人才
	星航国际船舶管理(大连)有限公司	三管轮值班机工	持有三管轮适任证书的船员约占45%,非常缺乏,薪资待遇目前约为5 000美元/月。持有值班机工适任证书的船员约占45%,目前非常缺乏,其薪资待遇约为1 800美元/月	高素质航海技术技能人才,每年拟招聘实习三管轮约40名,实习值班机工约40名。需要从业意愿强,稳定度高,服务、服从意识强,具有较强专业知识和实践能力、高度工作责任心、较强英语应用能力、设备操作能力、自学能力和解决问题能力的人才

2. 年龄结构分布情况分析

高职轮机工程专业学生毕业2年内一般为实习三管轮,无岗位职责,如持有值班机工证书,在船3个月后,可从事值班机工工作,担负岗位职责,工资收入大幅提高,各职位对应年龄分布见表3-3。

表 3-3 高职轮机工程专业毕业生工作职位—年龄对照表

工作性质		工作职位	年龄
海上工作	支持级	值班机工	24~50 岁
	操作级	三管轮	24~27 岁
		二管轮	28~30 岁
	管理级	大管轮	31~36 岁
		轮机长	36 岁以上
陆地工作	技术工作(船厂等单位)	技术员	24~30 岁
		部门长	30~40 岁
		部门主管	40 岁以上

3. 学历情况分析

通过对企业的调研发现,企业员工的学历情况为:中职毕业生、高职毕业生、本科毕业生,其中中职毕业生占 10%～20%,高职毕业生占 60～70%,本科毕业生占 10～30%,本科以上毕业生占的比例较少。企业里中职毕业生、高职毕业生、本科毕业生的比例大致为 1:7:2,高职毕业生船员占主体。主要原因是根据我国船员发证的相关要求,海员职业强制要求"岗证适配",职位晋升与轮机员持证情况和个人能力关联度极高,各个学历层次的毕业生到航运企业后均先从事海员工作,未来工作职位晋升确定性很高,从证书属性到晋升途径都与船员学历的关系不大。在职务晋升到大管轮或轮机长以上后,经验丰富、资历深厚的船员会被调任到机务部、安监部、船员部等陆上管理部门工作。轮机工程专业本科—高职人才培养目标和就业岗位对照表见表 3-4。

表 3-4 轮机工程专业本科—高职人才培养目标和就业岗位对照表

培养目标	本科	培养具有扎实的基础理论知识和较高的人文社会科学素养,具有海洋意识、国际视野、创新精神和社会责任,具有较强的实践能力、沟通能力和安全环保意识,能够在轮机工程及相关领域从事操作与维护、生产制造、技术服务、运营管理以及科技开发等工作的高素质工程技术人才和管理人才
	高职	培养理想信念坚定,德、智、体、美、劳全面发展,具有一定的科学文化水平,良好的人文素养、职业道德和创新意识,精益求精的工匠精神,较强的就业能力和可持续发展能力的人才;掌握本专业知识和技术技能,面向水上运输行业的道路和水上运输工程技术人员、船舶指挥和引航人员、水上运输设备操作人员及有关人员群,能够从事船舶机电设备维护管理等工作的高素质技术技能人才
就业岗位	本科	远洋船务公司、设计研究单位、海事局、国内外船级社、船舶公司、船厂、海洋石油单位、高等院校、船舶运输管理、船舶贸易与经营、海关、海上保险和海事仲裁等部门的相关岗位
	高职	远洋船务公司、船舶公司、船厂、船舶贸易与经营、货物代理、船舶代理、船舶配套产业的设备调试员等
岗位晋升	本科	在从事远洋运输行业晋升:三管轮—二管轮—大管轮—轮机长。在从事陆地工作的单位:本科生的职业规划越来越趋近于做技术研发
	高职	在从事远洋运输行业晋升:三管轮—二管轮—大管轮—轮机长。在从事陆地工作的单位:专科生主要是成为高级技术人才

可以看出,本科生培养目标定位于具有科学研究能力的工程技术人才和管理人才,高职院校培养目标主要注重操作能力的技术技能型人才。本科院校毕业生未来面对的岗位也更加丰富,面对的工程、管理类高级岗位较多。但是,如果作为轮机员在船上工作,本科毕业生与高职毕业生工作性质和岗位晋升途径完全相同。如图 3-1 轮机员职位晋升图所示,毕业生到企业后,首先以实习生身份开始自己的航海职业生涯,经过 12 个月的海上实习,并完成海事局的在船实习考核后取得正式的三管轮证书。船员职务采取三级晋升的机

制,晋升所需的海上服务资历,以及船上培训、见习所需的见习时间均有明确的规定。

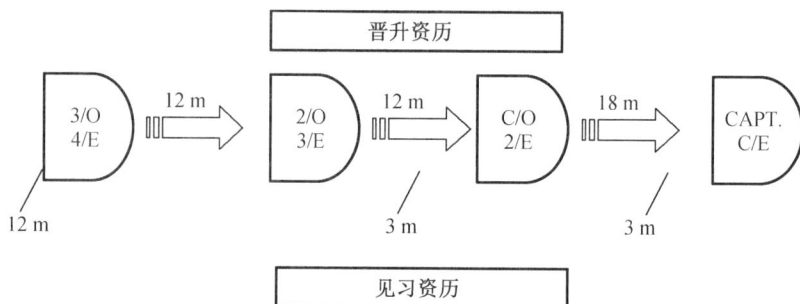

图 3-1 轮机员职位晋升图

通过以上分析,理解并明确了高职毕业船员是当前我国船员队伍的主体,提升我国船员素质应当以提升高职高专院校人才培养质量为重点。

(三)用人单位对船员教育培养反馈的问题

用人单位的问卷调查及座谈表明,上船工作的航海类专业毕业生总体基本素质较高,职业道德表现、身心素质、专业技能基本能够满足要求。但总体来看主要存在以下不足(顺序按被调研企业对选项的认可度由高到低排列):

1. 毕业生跨文化沟通能力有待提升,包括英语语言运用能力和对不同文化传统的了解,缺乏对不同文化的包容和尊重。

2. 毕业生对职业缺乏热爱与尊重,专业认可度不高。不能把船员职业看作终生从事的职业,仅仅因资本积累或者猎奇心理上船工作。

3. 毕业生责任感不够强。在工作中存有侥幸、懈怠心理,工作不够踏实可靠,这种状态甚至体现在安全意识、安全工作方面,造成安全隐患。

4. 毕业生法制观念淡薄、契约精神缺失,理解运用法律知识的能力存在欠缺。

5. 毕业生实践动手能力不足。工作相关的各种设备操作、工作过程中技术问题的处理等方面存在不足。

6. 毕业生持续学习意识不足。没有明确的职业生涯规划,缺乏持续学习或者终身学习的思想。

7. 毕业生过于自我,在与同事相处,与上级沟通相处中出现沟通不畅、不愿服从管理、对管理制度不认同情况。调研过程中,航运公司人事部门管理人员和一些资深船员对于90后、00后船员在船上表现出"个性强""不服管""工作挑三拣四""撂挑子"等问题深恶痛绝,这使得中国船员在国际上的口碑大打折扣。

(四)用人单位对航海类专业学生教育培养提出建议

1. 加强爱国主义教育

由于船员行业国际化程度高,船员常年航行于世界各地,与世界各国家有着多方位的联系,接触不同体制的国家,容易受到各种诱惑,受到的国家安全方面的考验远比其他职业更为严峻,这就要求船员应该树立习近平总书记倡导的中国特色社会主义道路自信、理论自信、制度自信、文化自信。热爱祖国、忠于祖国、坚持以祖国利益为重,把爱国主义和国际主义有机结合起来。

2. 重视对学生进取精神的培养

船员属于技术密集型职业,职务晋升途径明确,从一名船舶驾驶(轮机)实习生成长为船长(轮机长)大概需要 8~10 年时间,这段时间内根据不同的岗位适任要求,船员需持续学习专业知识,晋升过程中需要经过三次考试和三次实习,这就需要船员具有进取精神,具备终身学习能力。

3. 重视对学生敬业精神的培养

船员跟随船舶常年漂泊,工作环境相对枯燥,工作内容相对单一,这就需要船员有较强的敬业精神。应该具备爱岗敬业、开拓创新、服务为先、爱船如家、安全第一、服从指挥、诚实勤奋、严谨自律、艰苦奋斗、拼搏进取等职业道德。

4. 重视对学生奉献精神的培养

船员与家人聚少离多,放弃陆地安逸生活到船上打拼,独自承受工作的艰辛与生活的孤独,需要有强大的奉献精神作为支撑;另外,船上工作人员组成一个国际化团队,相处中、工作中也需要积极主动、勤于奉献才能共同维护好一个团队。要求船员提高政治站位,深刻认识船员工作对推动国家经济发展、保护国家安全、维护国家形象等方面的重要意义,甘愿为国家、为人民、为家庭、为事业做出奉献。

5. 重视对学生服务意识的培养

船员在船上每次平均工作时间 6~10 个月,结束合同期就需要更换其他船员,所以人员流动性很大。船员之间的磨合期较短,这就要求船员要具备服务意识,为船东、货主、船友负责,服务为先、爱船如家、安全第一、诚实勤奋。

6. 重视对学生服从意识的培养

船员流动性较大,船舶的组织机构和上下级关系只在短暂的一段时间内有效。但船上有时会遇到一些应急情况,部分工作较为辛苦,这就要求船员要有很明确的上下级意识,对于上级船员的指挥要具备服从意识。

以上六个方面可分别概括为"爱国、进取、敬业、奉献、服务、服从",恰好契合了我国的船员精神"爱国、进取、敬业、奉献"外加"服务、服从"两项内容,这一方面说明我国所确定的船员精神内容精准概括了船员所需的主要素质,也说明了我国船员培养在对船员精神的教育方面还存在欠缺。另外,服务意识、服从意识是船员从业人员非常重要的素质,船员教育培训机构在人才培养过程中需加以关注,采取切实有效的措施加大这方面的培养。对于在英语知识、实践技能等方面的欠缺,受访者表示可以体谅,并且船员只要有进取心就可以在工作中逐步提高,而船员的素质是用人单位最关注的方面。

三、在职船员及毕业生对船员培养的反馈

180 名在职船员和已上船工作的 38 名学生通过问卷调查,普遍反映参加工作后,实际了解了工作的性质和内容,对专业的认同度有所提高。学生毕业后平均经过 6 个月实习换取值班机工证书,再经过 6 个月实习换取三管轮证书,经过 2~4 个月休假,上船后有资格任

职三管轮。根据船舶需求与个人能力,一般毕业后 1~3 年任职三管轮,12 个月三管轮海上资历可以换取二管轮证书,所以学生毕业后 5 年内一般都可以任职二管轮或者具备任职资格。

在人才培养的建议方面,62.5%的被调研者认为在校期间应加强英语应用能力的培养;18.75%的学生认为在校学习过于强调理论知识的培养,实践技能培养不够,实训设备和课程与实际工作贴合度不够高,上船工作后仍需投入时间和精力进行认识性实习。13.75%的学生认为应更加注重沟通能力的培养。

在工作面临的问题方面,现存问题集中在以下两方面:

1. 船员职业归属感不强

航运企业没有将船员作为企业的主人来对待,让船员成为企业的主体,只用人、不培养人,造成船员对所服务的航运企业缺乏归属感。航运企业不能给船员足够的上升空间,船员不能与企业员工一同享受企业成长所带来的收益。航运企业为节省成本,对船员培养的主体责任落实不到位。

2. 从业综合回报偏低

船员认为收入与其付出不成正比,下地、就医、家属探访十分不便,权益得不到有效保障,与以往船员的社会地位相比较存在严重落差,整体获得感、幸福感和安全感都不足。

四、在校学生的学情调查情况

通过对学校轮机工程技术专业在读学生的抽样调研,经综合统计得出学生学习情况,见表3-5。

表3-5 在校生学习调研情况

	学习动机明确	是		否	
		71.20%		28.80%	
在校生调研	学习状态良好	是		否	
		70.50%		29.50%	
	对专业的认同度	高	中		低
		42%	50%		8%

从调研数据分析,被调研在校轮机工程技术专业学生学习动机基本明确,学习状态良好,但有一部分学生学习动机、学习态度令人担忧,尤其是对理论教学缺乏兴趣;一部分在校学生对船上工作环境的接受度不够,使得他们对专业不认同。

经过与在校生访谈调研及任课教师访谈,目前高职航海类专业学生在校生主要存在以下问题。

1. 当今学生缺乏团队协作意识、服务服从意识。目前的在校生多为独生子女,在家庭及学校备受关注,个性非常强,协作服从意识淡薄,应利用素质教育手段进行相关意识培养。

2. 学习习惯有待转变。大多数学生难以把控大学相对宽松的学习环境,学习主动性差,过度依赖电子产品,对学习内容和学习方向无明确目标,需要教师进行引导,养成良好学习习惯。教师需要通过专业导入,着重培养学生职业认同感,利用职业生涯规划等方式让学生明确职业方向,重视专业课程学习、实践技能掌握、职业素质养成。

3.学生对纯理论教学内容兴趣不足。教师应精心设计课程,改变课堂教学方式,活跃课堂氛围,增加与学生的互动。学生对理实一体化课程和独立实践课程中与航海实践有关的内容感兴趣,大部分学生期望学习与航海实际工作相关的实践知识,喜欢航海模拟器操作,教师可围绕航海模拟器的使用设计相关理论及实训课程,使学生愿意利用第二课堂及课余时间提高自身航海专业技能和素养。

4.学生对职业生涯缺乏规划。未来的不确定性及迷茫感使不少学生缺乏远大的理想,学校应通过企业专家进校园宣讲、优秀毕业生现身说法、强化思政教育等方式引导学生认同专业、热爱专业,培养职业荣誉感。教师要引导学生对职业进行长远规划,有针对性地进行相关专业知识学习及文化底蕴的养成。

五、在教育教学中应采取的应对措施

综合梳理上述调研情况,学校在航海类专业的教育教学中,需要在以下方面着重加强:

1.紧密围绕"爱国、进取、敬业、奉献"的中国船员精神及用人单位对船员"服务、服从"的意识要求,建立以上述方面为主要内容的专业课程思政目标,落实"三全育人"工作要求,加大思政课程及课程思政建设力度,加强爱国主义教育、国防教育和"四史"教育,引导船员践行社会主义核心价值观,务必保证专业思政目标的实现。

2.注重专业导入、专业介绍、职业生涯规划等教育教学环节,重点培养学生的专业认可度和职业荣誉感,从而培养学生热爱航运事业、报效祖国的职业理想。从思想源头上加强学生爱岗敬业精神的培养,积极营造校园航海文化氛围,深化船员文化建设,加强航海类专业学生人文素质教育、航海职业道德教育、航海生涯规划教育、增强其跨文化交流能力,培养学生胸怀天下、胸怀祖国的大爱情怀,增强学生向海图强、逐梦深蓝的职业自豪感和职业荣誉感。

3.深化"三教改革",提高教育教学的"绩效"。根据学生特点及专业人才培养目标,聚力师资队伍、课堂教学和教材建设。以学生为主体,推行项目教学、案例教学、工作过程导向教学等课堂教学,充分调动学生的学习兴趣和热情,在知识传授的同时注重对学生创造能力、实践能力、团队协作能力的培养。突出航海类专业实践性较强的特点,提高动手操作能力培养。在实践教学资源方面加大投入,保证满足专业人才培养实践教学场地、设施设备的要求;在教学模式方面提倡校企合作、工学结合,倡导实行"订单式"培养,建立资源共享的实习实训模式,校企协同制定航海相关专业教学标准,优化课程设计和人才培养方案,逐步推行"理论考试—船上见习—实操评估"分段式培养模式;在师资队伍方面加强教师"双师"素质建设,让技能大师教技能,激励优秀管理级船员进入航海教师队伍;在教学安排上加大实践教学课时数,保证实践教学的需要。充分利用"第二课堂",组织学生开展丰富多彩的课外活动,充分释放学生的活力,把学生的无穷精力引导到专业学习和综合素质提升上来。

轮机工程技术专业企业调研问卷

尊敬的领导、专家：

您好！为进一步了解用人单位对于轮机工程技术专业的人才需求和素质要求，有针对性地改进专业教育教学方式方法，提升人才培养质量，请您结合企业实际，客观回答以下问题，谢谢您的合作！

一、单位基本情况

1. 单位名称：＿＿＿＿＿＿＿＿＿＿＿＿＿＿＿＿

2. 单位性质：

□事业单位　　　□国有企业　　　□集体企业　　　□民营企业

□外商独资企业　□中外合资/合作企业　　□其他：＿＿＿＿＿

3. 业务领域（职能）：＿＿＿＿＿＿＿＿＿＿＿＿＿＿（请填写）

4. 您的工作部门？

□生产一线部门；□设计部分；□管理部门

二、单位现有人才状况与人才引进情况

1. 现有员工总人数：

□50 人以下　□50~100 人　□101~200 人　□201~500 人　□501~1 000 人　□1 000 人以上

2. 未来三年，拟招聘的人员类别：

□高级管理人员

□技术人员

□实用技能型人才

□其他（请说明）＿＿＿＿＿＿＿＿＿＿＿＿＿

3. 您认为航运市场对人才的需求是怎样的？

□过饱和

□饱和

□缺乏

□严重缺乏

□其他（请说明）＿＿＿＿＿＿＿＿＿＿＿

4. 您是否接收过我校学生？

□是（数量＿＿＿＿＿岗位＿＿＿＿＿工作表现＿＿＿＿＿＿＿＿）

□否

5. 所招聘轮机工程技术专业高职毕业生主要从事的工作岗位：

□船员（轮机员/值班机工）

□轮机修造人员(轮机装配工/船舶设备维修人员)

□轮机设备调试/质检人员

□船舶代理/货物代理

□其他(请说明)＿＿＿＿＿＿＿＿＿＿＿＿＿

6. 您接收的大学毕业生稳定性怎样?

□很稳定　(原因＿＿＿＿＿＿＿＿)

□稳定　　(原因＿＿＿＿＿＿＿＿)

□不稳定　(原因＿＿＿＿＿＿＿＿)

□很不稳定(原因＿＿＿＿＿＿＿＿)

□其他(请说明)＿＿＿＿＿＿＿＿＿＿＿＿＿

7. 贵企业希望高职院校提供的轮机工程技术专业人才具备何种素质(多选)?

□爱国、进取、敬业、奉献;□安全意识;□环保意识;□服从精神;□服务意识;

□创新精神;□坚强意志;□强健体魄;□积极乐观;□遵纪守法;□成本意识;

□心理健康、人格健全;□质量意识;□工匠精神。

□其他(请说明)＿＿＿＿＿＿＿＿＿＿＿＿＿

8. 贵企业希望高职院校提供的轮机工程技术专业人才具备何种专业知识?

□轮机工程原理(主机/辅机)

□船舶电气电子和自动控制

□维护与修理

□轮机专业英语

□船舶作业管理和人员管理

□船舶基本安全常识(消防、急救、求生、劳动保护、防污染等)

□其他(请说明)＿＿＿＿＿＿＿＿＿＿＿＿＿

9. 贵企业希望高职院校提供的轮机工程技术专业人才具备何种其他能力?

□轮机设备操作管理;□轮机设备安装调试;□轮机设备维修;□船舶电气及自动控制设备操作管理;□船舶电气及自动控制设备安装调试;□金工操作(焊接、车工、钳工)

□团队合作与沟通能力;　□自主学习意识与能力

□其他(请说明)＿＿＿＿＿＿＿＿＿＿＿＿＿

10. 企业接收毕业生会注重哪些因素?

□仪容仪表	□求职动机	□学历	□学习成绩
□计算机水平	□职业资格证书	□技能水平	□管理能力
□学生期间干部经历	□实践经历	□工作经验	□专业知识与特长
□写作能力	□外语水平	□沟通表达能力	□分析判断能力
□应变能力	□创新能力	□职业道德	□敬业精神
□团队合作能力	□文体特长	□发展潜力	□党员干部
□其他＿＿＿＿＿＿			

11. 您认为高职院校轮机工程技术专业毕业生应取得哪些职业资格证书?

□三管轮适任证书

□值班机工证书

□船员专业培训合格证(Z01/Z02/Z04/Z05/Z07/Z08)

□其他(请说明)＿＿＿＿＿＿＿＿＿＿＿＿＿＿＿

12. 您认为高职毕业生在工作中存在哪些不足?

□业务技能不熟练

□处事实践能力差

□专业知识不扎实

□环境适应困难

□团队协作能力意识薄弱

□其他(请说明)＿＿＿＿＿＿＿＿＿＿＿＿＿＿＿

三、单位与学校合作培养人才意向

1. 贵单位对我校轮机工程技术专业是否了解?

□非常熟悉

□大致了解

□不了解

2. 贵单位若对本专业有所了解,请指出我们办学中急需优化的项目?

□师资数量需要补充

□师资水平需要提升

□设备需要更新

□场地需要优化

□其他(请说明)＿＿＿＿＿＿＿＿＿＿＿＿＿＿＿

3. 贵企业对下列合作项目的意愿如何?

	非常愿意	愿意	一般	不愿意	很不愿意
参与人才培养方案的设计与实施	□	□	□	□	□
为学生提供实习机会	□	□	□	□	□
联合科技攻关解决技术难题	□	□	□	□	□
为职校教师提供实践机会	□	□	□	□	□
委托学校进行员工培训	□	□	□	□	□
为学校提供实训设备设施	□	□	□	□	□
为学校提供兼职教师	□	□	□	□	□
为学校签订订单培养协议	□	□	□	□	□
为学校提供教育培训经费	□	□	□	□	□
联办职工培训中心	□	□	□	□	□
为学校提供技术支持/专业讲座	□	□	□	□	□

| 企业在学校建立生产型实训车间 | ☐ | ☐ | ☐ | ☐ | ☐ |
| 开展校企文化交流 | ☐ | ☐ | ☐ | ☐ | ☐ |

4. 贵企业能接受的校企合作方式如何？

☐定向培养；☐分段实习；☐工学结合

☐其他您认为比较合理的方式(请说明) _____

3. 您认为那些形式的校企合作方式对学生培养更有效果？

☐企业派专业人员指导教学

☐引进企业入驻校园

☐举办企业杯知识竞赛

☐举办企业家报告会

☐校企共建学校实训基地

☐建立校外实训基地

5. 您认为高校在实践性教学环节中的哪些方面需要加强？（可多选）

☐实地参观调研

☐具体单位实习

☐操作流程模拟

☐课程设计或毕业设计

☐就业培训或指导

☐其他(请说明) _____

6. 贵企业时候能够提供实习岗位

☐能

☐不能

☐视情况

7. 您对"订单班"有何看法？ _____

_____

8. 若有机会,您是否愿意走进学校,与学生分享您的工作经验和心得体会？

☐愿意,只要有时间

☐不愿意,没有意义

☐无所谓

您对大连职业技术学院在校大学生在技能培养、专业学习方面的建议：

_____ ；

_____ ；

_____ 。

如果您愿意走到学生中间,传授知识和经验,方便留下您的电子邮箱吗：_____

填表人： 填表日期： 单位盖章：

再次感谢您的配合,您的热情是对我们的最大鼓舞！

毕业生跟踪调查表(毕业生填写)

亲爱的同学:

  您好! 为了帮助母校,特别是轮机工程技术专业今后的发展改进教学和工作方法,请您配合我们的跟踪调查工作,您所填数据我们将严格为您保密,仅作研究调查使用。

姓名		专业班级		毕业时间	
目前工作性质(请打"√")	A.创业 B.政府机关 C.科研单位 D.国企 E.私、民企 F.合资 G.外企 H.自由职业 I. 其他				
单位名称				电话	
从事工作岗位					
与目前工作息息相关的专业知识与专业技能有哪些?					
您认为能否胜任现在的工作? (请打"√")	A.胜任 B.基本胜任 C.不胜任				
您认为对工作影响较大环节是:(请打"√")	A.专业知识 B.实训实习 C.综合素质 D.课外科技文化活动、社会实践 E.为人处事 F.其他(请写明):				
您现在最需要加强那些方面的知识?(请打"√")	A.计算机知识 B.专业知识 C.外语知识 D.人际关系知识 E.文案知识 F.经济知识				
您认为自己目前最欠缺的素质主要是:(请打"√")	A.基本的解决问题能力 B.沟通协调能力 C.承受压力、克服困难的能力 D.相关工作或实习经验 E.专业知识和技能 F.其他(请写明):				
在校学习期间最大的收获是(请打"√")	A.学到扎实的基础理论和专业知识 B.培养了自己的思考、分析、解决问题的能力 C.培养了自己的组织管理能力 D.培养了自己的综合能力 E.其他(请写明):				

续表

姓名		专业班级		毕业时间	
在校学习期间哪些方面能力较强（请打"√"）	A.基础理论　B.专业知识　C.计算机能力　D.外语能力　E.实践、动手能力 F.团队意识、与他人沟通能力　G.学习能力　H.其他(请写明)：				
您认为学校在培养学生方面更应加强哪些方面的教育(请打"√")	A.基础理论　B.专业知识　C.计算机能力　D.外语能力　E.实践、动手能力 F.团队意识、与他人沟通能力　G.学习能力　H.其他(请写明)：				
您对学校课程设置、教学内容、教学方法有什么意见或建议,欢迎您写在右面					
备注					

再次感谢您对母校工作的支持!

调研时间：　　　　　　　　调研地点：　　　　　　　　调研人员签字：

轮机工程技术专业在校生调查问卷(在校生)

亲爱的同学,首先感谢你在轮机工程技术专业就读,我们有了相遇相识的缘分。相信不管是家长、学校还是你自己,都希望能够有一个充实的、快乐的大学生活,最终找到一份较为理想的工作。为了你我的共同目标,请静下心来用几分钟的时间来完成以下调查问卷,内容无谓对错,只要是你的真实想法就可以,衷心表示感谢!

1. 你报考本专业是(　　　)

A. 自我志愿

B. 调剂

C. 父母或他人的意愿

D. 其他原因,请写明:＿＿＿＿＿＿＿＿＿＿＿＿

2. 未来毕业后你的打算是(　　　)

A. 从事轮机相关工作(海上)

B. 从事轮机相关工作(陆地)

C. 观望中

D. 不从事轮机相关工作(若选此项,可直接跳到第四题)

3. 你认为吸引你从事轮机相关工作的因素有哪些?(　　　)

A. 薪资待遇高

B. 有机会游历世界,增长见识

C. 职业未来发展前景好

4. 你认为不想从事轮机相关工作的因素有(多选)(　　　)

A. 工作枯燥

B. 船上工作时间长

C. 工作不安全

D. 工作环境封闭

E. 其他,请说明:＿＿＿＿＿＿＿＿＿＿＿＿

5. 你认为在校所学的专业知识和技能对你将来从事船员职业的帮助如何?(　　　)

A. 非常有帮助

B. 比较有帮助

C. 无法判断

D. 不太有帮助

E. 没有帮助

6. 你认为学习专业技能哪些是你的难点?(多选)(　　　)

A. 英语

B. 纯理论课程

C. 实训课程

D. 船员培训合格证

7. 你认为专业知识和技能中哪些是应重点学习的？（多选)(　　)

A. 轮机操作管理能力

B. 船舶电气自动化操作管理能力

C. 轮机维修能力

D. 船舶、货物和人员管理能力

E. 与实船工作有关的实践动手能力

8. 你认为船员这一职业有发展空间和前景吗？(　　)

A. 非常有

B. 比较有

C. 无法判断

D. 不太有

E. 完全没有

9. 课余时间你都在做什么？(　　)

A. 打游戏

B. 忙兼职

C. 学习专业知识或准备自考、专升本等

D. 其他，请说明：＿＿＿＿＿＿＿＿＿＿＿＿

10. 如果学院组织一些专业相关培训或活动，你愿意用课余时间参加吗？(　　)

A. 很愿意

B. 一般

C. 不愿意

11. 你对当前的课堂教学感兴趣程度(　　)

A. 非常感兴趣

B. 兴趣一般

C. 不感兴趣

12. 你有意识地为以后的船员工作加强各种训练吗？

A. 总是

B. 经常

C. 偶尔

D. 从不

13. 如果有与专业相关的活动，你比较感兴趣的是？（多选)(　　)

A. 专业英语应用能力提升

B. 计算机软件学习、练习

C. 航海技能训练

D. 完全没有兴趣

E. 其他感兴趣的活动，比如：＿＿＿＿＿＿＿＿＿＿＿＿＿＿

14. 请为轮机工程技术专业教师提供一些建议：

第四章　STCW公约对缔约国船员教育培训的规定性影响

在当前职业教育提质培优、增值赋能、以质图强的大背景下,标准的制定实施是提升质量的前提和基础,质量提升,标准先行,没有标准,质量无从谈起。中共中央、国务院2019年2月印发《中国教育现代化2035》,提出"完善教育质量标准体系""健全职业教育人才培养质量标准,制定紧跟时代发展的多样化高等教育人才培养质量标准"。国务院《国家职业教育改革实施方案》要求"将标准化建设作为统领职业教育发展的突破口""建成覆盖大部分行业领域、具有国际先进水平的中国职业教育标准体系"。2020年9月,教育部等九部门下发《职业教育提质培优行动计划(2020—2023年)》进一步明确"标准先行,试点突破"的原则,健全国家、省、校三级标准体系,完善标准落地的工作机制,实施职业教育治理能力提升行动,健全职业教育标准体系。

我国于1981年6月加入STCW公约,依据公约标准要求对我国船员开展教育和培训是我国政府"履约"的核心部分之一,因此我国船员教育落实国际标准已有四十余年历史,为落实该标准要求制定出台了系列法律法规。学习参考国际专业教学标准的形式和内容,梳理我国为落实公约标准而建立的制度保障体系,对我国当前制定专业标准、课程标准以及保证标准的落地实施有切实的借鉴作用,从而能够有效保证我国的船员人才培养既满足国际公约的要求又具有中国特色。

一、STCW公约对船员教育培训的规定性要求

(一)STCW公约简介

STCW公约英文全称是"International Convention on Standards of Training, Certification, and Watchkeeping for Seafarers",中文全称是《1978年海员培训、发证和值班标准国际公约》,是现行有效、广泛适用的有关船员资格的国际公约之一,是其缔约国一致认可的船员培训、发证和值班的国际标准,是为了增进海上人命与财产安全和保护海洋环境而制定的国际公约,旨在规定全球普遍适用和遵循的船员教育培训、考试发证和安全值班的最低标准,与《1974年国际海上人命安全公约》(SOLAS)《1973年国际防止船舶造成污染公约》(MARPOL)和国际劳工组织的《2006年海事劳工公约》(MLC)并称为全球海事公约四大支柱。STCW公约要求申请上船担任职务的船员须持有相应岗位的适任证书,而适任证书的获取必须通过公约规定标准的教育培训、考试和评估(实操考试);船员适任证书由各缔约国的主管机关签发,或由主管机关授权的指定机构签发,但授权机构所发证书必须经主管机关签证确认。STCW公约规范了各缔约国船员管理的开展形式,对船员培训、考试、发证程序制定了具有强制力的标准。在船员培训方面要求船员培训机构和培训人员按照公约规定进行教学和管理,教师资质及数量、设施设备及场地、教学管理及学员管理等办学条件都符合相应船员教育培训种类和级别的标准要求。缔约国海事管理机构依据标准对船员

培训机构类别进行审核,通过后给予相应类别的培训许可。

STCW 公约于 1978 年 7 月 7 日在伦敦通过,于 1984 年 4 月 28 日正式生效。截至 2019 年,STCW 公约的缔约国已经达到 165 个,缔约国的商船总吨位占全球商船总吨位的 99.03%。我国于 1981 年 6 月 8 日加入该公约,是该公约的签字国。该公约正式生效的同时对我国生效。

(二) 国际海事组织简介及 STCW 公约发展历程

国际海事组织(IMO)是联合国所属的专门机构,是由主权国家参加的政府间国际组织,目前有 174 个成员国,旨在为各成员国提供海事法律和技术的合作平台,促进航行更安全、海洋更清洁、航运更便利。国际海事组织不仅重视从船舶及其设备以及航海保障的技术角度保障海上人身、财产和环境的安全,而且更加注重从人力资源和人为因素管控的角度实现"清洁海洋上安全、保安和高效的航运"的宗旨和目标,并促进缔约国全面、充分、有效地履行公约。

国际海事组织有关海员资格标准的制定,可以追溯到 20 世纪中期。1960 年召开的关于海上人命安全的国际会议通过了若干项决议,其中一项决议号召各国政府采取可行措施确保足够全面地使用导航设施、船舶设备和仪器的海员教育与培训,并且要求这些措施应与现实需要相符合。该决议还建议 IMO、国际劳工组织(ILO)及有关国家为达到既定目标相互协作,共同努力。为了响应该号召,当时的 ILO 执行机构和 IMO 下属的海上安全委员会(MSC)共同设立了有关海员培训的联合委员会。该联合委员会于 1964 年召开了第一次会议,制定了有关海员培训的导则,即《1964 年导则》,为船长、高级海员和普通海员的教育和培训提供了指导,涉及助航设施、救生设备及其他保证海上人命安全的船舶设备使用的培训要求,也涉及火灾的预防、探测和灭火等方面的培训要求,在海员教育与培训方面取得了一定的成效。

1971 年召开的 IMO 理事会在对海上安全评估的基础上,进一步认识到人为因素对维护海上人命安全和保护海洋环境的重要性,决定采取进一步措施加强并提高海员教育与培训标准,并要求海上安全委员会(MSC)重点考虑有关海员值班、培训和发证的国际标准事宜。同年召开的 IMO 大会决定,有必要召开一次外交大会以通过一项关于海员值班、培训和发证国际标准的公约。随后,IMO 下属的培训和值班标准分委会(STW 分委会)开始起草海员培训、值班和发证标准的国际公约草案。经过艰苦的努力,该分委会起草了公约文本、关于值班、培训和发证标准的公约附则以及一系列建议案的草案。

1978 年,IMO 在总部伦敦召开了一次旨在通过有关海员值班、培训和发证的国际标准的外交大会,共有来自 72 个国家的代表参加了本次大会,通过了《1978 年海员培训、发证和值班标准国际公约》(简称"STCW"公约)。国际社会希望通过公约的实施保证在远洋船舶上任职的船长、高级海员和水手的适任能力,并通过他们的有效值班保证船舶安全运营。

STCW 公约自 1984 年生效至 2010 年,STCW 公约先后于 1991 年、1994 年、1995 年、1997 年、1998 年、2004 年、2005 年、2006 年和 2010 年经过多次修改。其中比较重要的是

1995 年修正案和 2010 年马尼拉修正案两个修正案。STCW 公约 2010 年马尼拉修正案生效后,IMO 又分别于 2014 年、2015 年、2016 年和 2017 年对 STCW 公约和 STCW 规则进行过四次修正。现主要对 1995 年修正案和 2010 年马尼拉修正案两个修正案的情况作以介绍。

尽管 1978 年 STCW 公约被世界广泛接受,但到了 20 世纪 80 年代晚期,国际社会意识到该公约没有达到预期目的,相反,随着接受范围的日益扩大,其可信度却逐渐丧失,主要原因在于公约标准总体上缺失精确度,特别是对公约中“使主管机关满意”的解释给缔约国主管机关适用标准留有较大的灵活性,导致缔约国对公约标准解释差异巨大,许多缔约国没有真正有效地履行公约义务、实施公约。导致 1978 年 STCW 公约逐渐失效的原因还包括海员的工作机能和适任能力的获得主要依赖于其在船上的工作实践,公约规定了对海员发证需要其具备的海上服务或其他适当工作资历的最低要求及特定的知识要求,但没有界定所要求的技能和适任能力。此外,减员、快速的周转、频繁的海员更换,以及由于配员的多国背景引起的不同教育和培训背景的海员混编等情况,削弱了船上培训的有效性。这些原因致使缔约国按照 STCW 公约要求签发的证书不再被认为是“适任能力”的有效证明文书。

1993 年,IMO 启动了 STCW 公约全面回顾和修订的工作。1995 年 6 月 26 日至 7 月 7 日,IMO 总部召开的国际会议审议通过了一系列的修正案,对该公约作了全面的修正,形成了 STCW 公约 1995 年修正案。这次修正不仅考虑了自 1978 年该公约批准以来航运的变化情况,还试图完善履约和控制程序,从而使公约更有效。该修正案于 1997 年 2 月 1 日生效。

随着全球经济社会形势的变化,1995 年修正案逐渐暴露出不适应现代航运发展要求的问题。这主要表现在以下几个方面:一是更多的科学技术成果应用到航运业中,大量专业化、信息化设备应用到船舶上,如何用好这些设备并提高航行效率对船员素质提出了更高的要求;二是人类生存环境日益严峻,海洋环境保护意识亟待增强。在 2009 年哥本哈根世界气候峰会上.各国已经达成共识,公约有必要增强船员环境意识;三是全球海上运输安保形势恶化,部分海域特别是索马里海域海盗活动猖獗,海员成为海盗活动的直接受害者,无力反击又无从逃避,心理压力明显增大,必须呼吁有关方面增加安保投入并关心海员生存状态。鉴于上述原因,全面审查和修改 STCW 公约、及时调整海员培训的方向、进一步保护海员权益等事项已显得刻不容缓。因此,2010 年 6 月 21 至 25 日,国际海事组织在菲律宾首都马尼拉召开外交大会,对《1978 年海员培训、发证和值班标准国际公约》进行全面修订,其主要目的是提高海员素质,包括海员的船舶驾驶能力和对海上恶劣环境及海盗等各种风险的应变能力。这是国际海事组织对 STCW 公约进行的第二次全面修订,会后形成了《1978 年海员培训、发证和值班标准国际公约马尼拉修正案》,于 2012 年生效。本次修正使 STCW 公约紧跟国际船员市场及航运业的发展现状,充分考虑到了目前船舶大型化、快速化、专业化、现代化的发展趋势,为信息技术在航运业的具体应用预留了接口,对船员的培训、考试和发证提出了新的要求。

经过历次修订,STCW 公约已日趋完善,在统一国际海员教育与培训、考试、评估和发证标准方面发挥着基础作用,并已经成为相关标准发挥作用的平台。

(三) STCW 公约内容结构

从内容结构上看,STCW 公约主要包括公约正文(Convention)、附则(Annex)以及规则(Code:简称 STCW 规则)三个部分。STCW 公约结构图见图 4-1。

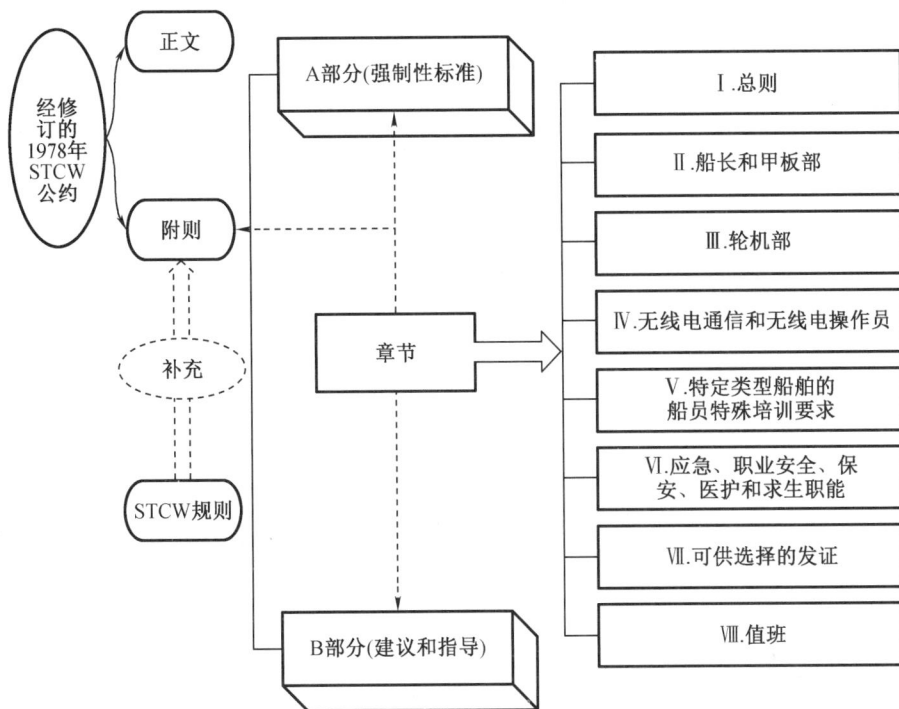

图 4-1　STCW 公约结构图

其中,公约由条文(article)组成,共 17 个条文,包括公约的一般义务、定义、适用范围、资料交流、其他条约与解释、证书、过渡规定、特免、等效、监督、促进技术合作、修正案、加入、生效、退出等条款。公约的技术条款主要体现在公约附则中,附则以章为单位编写,共分八章,分别为第一章"总则"(Chapter I,第 I/1 条至第 I/15 条);第二章"船长和甲板部"(Chapter II, 第 II/1 条至第 II/5 条,本章针对 500 总吨以上和以下船舶规定了不同的规则和要求);第三章"轮机部"(Chapter III,第 III/1 条至第 III/7 条,本章针对主机功率在 750 千瓦至 3 000 千瓦之间的船舶和 3 000 千瓦以上的船舶制定了不同规定);第四章"无线电通信和无线电操作员"(Chapter IV, 第 IV/1 条至第 IV/2 条);第五章"特定类型船舶的船员特殊培训要求"(Chapter V, 第 V/1-1 条、第 V/1-2 条和第 V/2 条,包括油轮和滚装客轮海员的特殊培训要求);第六章" 应急、职业安全、保安、医护和求生职能"(Chapter VI,第 VI/1条至第 VI/6 条);第七章"可供选择的发证"(Chapter VII,第 VII/1 条至第 VII/3 条)以及第八章"值班"(Chapter VIII,第 VIII/1 条至第 VIII/2 条)。

STCW 规则是对附则内容的进一步细化,分为 A 和 B 两部分,其中 A 部分(海员培训和资格的强制性最低要求)为强制性标准,B 部分(关于发证与培训的指导)为建议和指导。

A 部分中相关规则(Regulations)的补充条款(Provisions)详细列出要求各缔约国为充分

和完全地实施该公约所需保持的最低标准。本部分还包含申请颁发适任证书和使适任证书再有效的申请人所应适用的适任标准,定义了航行等 7 项职能,区分了管理级、操作级、支持级 3 种责任级别。A 部分的最低适任标准表为航海教育与培训机构提供了基于级别和职能的知识、理解和熟练开展海员教育与培训的标准,为主管机关评估海员适任能力提供了细致的要求、适任评估方法和适任评估标准。

B 部分所包括的建议性指导,旨在协助 STCW 公约缔约国和实施、应用或采取措施的各方以统一的方式使公约充分和完全实施。所建议的措施是非强制性的,所举出的例证仅为说明如何满足公约的某些要求,但这些建议总体上代表了对有关问题的解决方法,这些方法是在国际海事组织内部通过讨论进行了统一并在与国际劳工组织、国际电信联盟和世界卫生组织进行协商后确定的。遵守本部分的建议将有助于国际海事组织实现所有船旗国的船舶和所有国籍的海员保持最实际可行的适任标准的目标。

(四)STCW 公约关于船员教育培训方面的规定性要求

在 STCW 公约附则的第一章"总则"中第 I/2 条"证书和签证"中规定,(船员)适任证书申请人须"完成本规则对所申请证书要求的海上服务资历和相关强制性培训",对于我国开展航海技术专业和轮机工程技术专业,培养目标是见习三副和见习三管轮,必须按照规则的要求,对学生进行"相关强制性培训"。

在 STCW 公约附则第一章第 I/6 条"培训和评估"中规定,各缔约国应确保:1.本公约所要求的对船员的培训和评估按照《STCW 规则》第 A-I/6 节规定进行管理、监督和检查。2.按本公约要求负责海员培训和适任评估的人员,按照《STCW 规则》第 A-I/6 节规定,所涉及培训或评估的种类和级别是充分合格的。而相应的《STCW 规则》第 A-I/6 节"培训和评估"规定:各缔约国应确保对按本公约申请发证的船员的所有培训和评估须按照书面计划来组织进行,该计划中包括为达到规定的适任标准所需的授课方式和手段、程序和教材,并且由具备资格的人员来实施、监督、评价并给予支持。所要求的具备的资格概括起来就是:具备适当水平的知识和理解、对培训计划有正确认识并对所进行的培训的具体目标有充分了解,确保能够胜任所进行的培训或评估工作。

在 STCW 公约附则第一章第 I/8 条"质量标准"中规定,各缔约国应确保"按照《STCW 规则》第 A-I/8 节的规定,所有由其授权的非政府机构或组织所执行的培训、适任评估、发证、签证和再有效,应通过质量标准体系进行连续监控,包括有关教员和评估员的资格和经历,以确保达到既定目标;并且如果政府机构或组织进行这种工作,应有一个质量标准体系;各缔约国还应确保由不参与该项工作的合格的人员照《STCW 规则》第 A-I/8 节的规定,进行定期评估。"相应《STCW 规则》第 I/8 条"质量标准"中规定:1.各缔约国应确保对其拟达到教育和培训目标以及有关的适任标准作出明确规定,并对公约要求的适于考试和评估的知识、理解和技能水平予以确定。该目标和有关的适任标准可针对不同的课程和培训计划分别作出规定,并应包括对发证体系的管理。2.质量标准的适用范围应覆盖发证体系的管理、所有的培训课程和计划、缔约国直接或授权进行的考试和评估以及教员和评估人员需要具备的资格和经历,并注意到为确保达到既定目标而制定的方针、制度、监督和内部质量保证审验。3.各缔约国应确保每隔最多不超过 5 年,对知识、理解、技能和适任能力的获得和评估活动以及对发证体系的管理进行一次独立的评价。核实以下内容:(1)本公约及《STCW 规则》所有适用条款,包括其修正案,均包括在质量标准体系内;(2)所有内部的管理控制和监控措施以及后续活动符合计划安排和文件规定的程序,并能有效地确保既定目标的实现;(3)每次独立评价的结果形成文件并提请被评价部门的负责人注意并及时采取纠正缺陷的活动。在《STCW 规则》A-I/2 节第 6 段 "培训课程的认可",提出"在认可培训课程和计划时,缔约国应考虑到相关 IMO 示范培训课程会帮助该类课程和计划的准备,并且确保适当涵盖所建议的详细学习目标",也就是 IMO 建议各缔约国参考其提供的示范课程,以保证教育培训质量。

STCW 公约附则第一章第 I/12 条"模拟器的使用"对模拟器的使用及评估要求作了规定。

综合上述要求,对于船员培训机构的要求包括:1.船员教育培训机构须按照 STCW 公约标准要求制定船员教育培训及考核评估标准,按照目标标准配备符合资质的教学人员和管理人员,具备教育教学所需的软硬件条件。这与我国当前进行的专业标准、课程标准建设的要求不谋而合。2.船员培训机构需建立并运行质量管理体系,强化质量意识,规范管理流程,提升质量管理水平,并定期接受符合资质要求的第三方对其进行质量管理体系审核以及人才培养情况的核查。

在 STCW 公约附则的第二章"船长和甲板部"、第三章"轮机部"、第四章"无线电通信和无线电操作员"、第五章"特定类型船舶的船员特殊培训要求"等章节中,分别针对不同船员种类规定了需要培训的"强制性最低要求",以第三章"轮机部"为例,规定"每个在海船上的有人值班机舱负责轮机值班的高级船员或周期性无人值班机舱指定值班的轮机部高级船员,应持有适任证书",每个证书申请人应已完成认可的教育和培训,并且达到《STCW 规则》第 A-III/1 节、第 A-VI/1 节第 2 段、第 A-VI/2 节第 1 段至第 4 段、第 A-VI/3 节第 1 段至第 4 段、及第 A-VI/4 节第 1 段至第 3 段规定的适任标准。

STCW 公约附则第三章"关于轮机部的标准" 第 A-III/1 节规定 "对有人值班机舱负责轮机值班的高级船员或周期性无人值班机舱指定值班的轮机员发证的强制性最低要求",对于轮机工程技术专业所要培养的见习三管轮,其职能包括轮机工程、电气电子和控制工程、维护和修理、船舶作业管理和人员管理等,对于每一项职能,规定了履行该职能所需的任务、职责和责任的能力,以及最低的知识、理解和熟练的要求,并且对表明适任的方法和评价适任的标准也作了明确规定,形成最低适任标准表,以下以维护和维修职能为例作以介绍。轮机维护和修理(操作级)最低适任标准表见表4-1。

表 4-1 轮机维护和修理(操作级)最低适任标准表

适任	知识、理解和熟练	表明适任的方法	评级适任的标准
用于船上加工和修理的手动工具、机械工具及测量仪表的适当使用	船舶和设备建造和修理中使用的材料的特性和局限性;用于加工和修理的程序的特点和局限性;在系统和元器件的加工和修理中考虑的性质和参数;进行安全应急/临时修理的方法;为确保安全的工作环境和使用手动工具、机械工具及测量仪表而采取的安全措施;手动工具、机械工具及测量仪表的使用;各种类型的密封材料和填料的使用	评估从下列一项或数项获取的证据:认可的车间技能培训;认可的实际经验和测试;认可的工作经历;认可的培训船经历	对用于典型船用元器件加工的重要参数的识别适当;材料的选择适当;加工满足指定的公差;设备、手动工具、机械工具及测量仪表的使用适当且安全
船上机械和设备的维护与修理	为修理和维护采取的安全措施,包括在允许人员进行船上机械和设备检修之前的安全隔离;恰当的基础机械知识和技能;机械和设备的维护与修理,如拆卸、调整和装复;合适的专用工具及测量仪表的使用;设备制造中的设计特点和材料选择;机械图纸和手册的识读;管路、液压及气动图的识读	考试并评估从下列一项或数项获取的证据:认可的车间技能培训;认可的实际经验和测试;认可的工作经历;认可的培训船经历	遵循的安全程序适当;工具和备件的选择适当;设备的拆卸、检测、修理和装复符合操作手册及良好的做法;重新调试和性能测试符合操作手册及良好的做法;材料和部件的选择适当

第 A-VI/1 节第 2 段的要求是船员在船舶操作中负有安全或防止污染职责,在任职前需完成个人求生技能、防火和灭火、基本急救、个人安全和社会责任培训,而每一个培训都有相应的最低适任标准表,列明所需的任务、职责和责任的能力,最低的知识、理解和熟练的要求,对表明适任的方法和评价适任的标准。第 A-VI/2 节第 1 段至第 4 段规定的是船员熟练操作救生艇筏和除快速救助艇以外的救助艇的能力要求。第 A-VI/3 节第 1 段至第 4 段规定的是船员高级消防培训的要求。第 A-VI/4 节第 1 段至第 3 段规定的是船员医疗急救和医护的强制性最低要求,都有相应的最低适任标准表,具体形式如上表示例,不再赘述。

总之,STCW 公约以岗位职能为依据,从"适任""知识、理解和熟练""表明适任的方法"和"评价适任的标准"四个维度对"最低适任标准"进行详细描述。履行 STCW 公约对缔约国在船员教育培训方面的要求,最主要是针对公约中的"适任能力评估(Evaluation of competence)"的规定,在国家相关法规的指导下,加强教学管理,保证教育教学质量,满足公约对"适任能力"的评估标准要求。

公约中的"适任能力"是指按国际上统一的标准,以安全和有效的方式履行特定职能的能力,是知识、经验和实际技能的标准或等级的综合;在确立适当的适任标准之后,就能以船员是否具有实际执行职能的能力为证据,而不是以传统的知识演示(笔试或口试)。对船员适任能力进行有效地评估,需要采用几种评价方法的适当组合,仅采用考试并不能保证所有的船员达到充分的适任性;要求船员参加强制性培训课程,对于达到充分的适任性是至关重要的;评估不仅应以知识为基础,也应评价基本技能。此外,为了使船员训练和评估尽可能地接近船上的工作和实践,公约允许使用模拟器进行培训、适任评估,如雷达和 ECDIS 的评估须通过模拟器进行。总而言之,STCW 公约对于船员适任能力强调的是船员能干会做,而不只是对知识的记忆。另外,公约中的适任能力不仅仅对专业技能给予规定,还提出了团队沟通、职业道德等方面的基本要求。

我们当前制定专业教学标准和课程标准,同样强调知识、能力和素质目标,可以参考借鉴《最低适任标准表》的形式。另外,对知识、能力和素质的目标要明确,尽量使其具有可测量性,同时建议明确评价的标准及评价的方式或手段,以保证专业(课程)培养目标的真正实现。这是 STCW 公约对我们制定专业(课程)标准最具有借鉴意义的部分。

二、中国为履约建立的船员管理体系

中国作为全球第二大经济体和最大的进出口贸易国,同时也是海运大国和第一海员大国,连续多年保持 STCW 履约"白名单"国家地位,连续 15 次当选国际海事组织(IMO)A 类理事国;积极参与 WTO、IMO、APEC、ESCAP、东北亚港湾局长会议、中国—东盟交通合作机制等海运合作组织活动,与周边国家和主要海运国家签署了 68 个双边海运和河运协定,已批准和参加 45 个国际海运公约和规则,在海事相关规则的制定等方面的话语权和影响力逐渐加大,在诸多国际事务中发挥了重要作用。这都要求我国的船员教育培训模范遵守国际公约要求,以利于树立中国形象,发出中国声音,提出中国方案,做出中国贡献。

为充分履约,规范船员管理中的各个环节,我国主管机关颁布了一系列规章及规范性文件,逐步完善船员管理体系,建成了涵盖船员资格准入、持续培养、履职管理和权益维护等方面的船员管理法规体系框架,为我国船员队伍发展奠定了制度基础,为履约及保证船员教育培训质量提供法律法规保障。

(一)《中华人民共和国海上交通安全法》和《中华人民共和国海商法》

《中华人民共和国海上交通安全法》和《中华人民共和国海商法》是我国管理海船船员的最高层次法律。《中华人民共和国海上交通安全法》是我国海运领域的基础性法律,是规范海上交通秩序、保护人民生命财产安全、维护国家海洋权益的基本制度保障,明确要求在船工作人员必须通过相应的专业技术训练并持有效的适任证书。2021 年我国对《中华人民共和国海上交通安全法》进行了修订,新的《中华人民共和国海上交通安全法》纳入船员权益保障相关内容,进一步强化了船员在船工作权益的保障,新增海事劳工证书许可、船员境外突发事件预警和应急处置等多项制度,从而更全面有效地维护船员权益。《中华人民共和国海商法》在进一步明确了对于船员持证要求的基础上,在法律层面上规定了中华人民共和国海事局为我国船员适任证书及其他相关证书的发证机关。

(二)《中华人民共和国船员条例》

《中华人民共和国船员条例》是我国专门对船员进行系统规范管理的重要行政法规,是我国交通运输部及海事管理机构制定相关法规、规范船员管理的重要法律依据。

《中华人民共和国船员条例》明确国务院交通主管部门主管全国船员管理工作,国家海事管理机构负责统一实施船员管理工作。《中华人民共和国船员条例》对船员任职资格作出了原则性的规定,通过设立船员注册制度和任职资格制度、规定船员职责、明确船员合法权益、设立船员培训许可制度和船员证书签发许可制度等条款规范和加强船员管理。对各船员教育培训机构的管理包括对船员培训机构培训资质的管理和对船员培训的实施方式和过程的监管;对船员考试和发证的管理,指海事局依照授权负责组织船员相关任职资格证书的考试和发证,以及出入境证件的签发和相关法定文书(船员服务簿)的发放;船员任职的管理,包括对船员任职资历的管理和对船员在船舶运营中与航行安全、防污染、劳动保障等相关事项的监管。

在《中华人民共和国船员条例》的"船员培训和船员服务"章节,明确指出"申请在船舶上工作的船员,应当按照国务院交通主管部门的规定,完成相应的船员基本安全培训、船员适任培训。在危险品船、客船等特殊船舶上工作的船员,还应当完成相应的特殊培训。"国家海事管理机构(主管机关)对船员培训机构实行船员培训许可证管理制度,并对船员培训机构的资质条件、申请及审批程序作了规定,在要求的资质条件方面,明确船员培训机构必须具备符合要求的"场地、设施和设备""教学人员、管理人员""管理制度、安全防护制度"和"符合国务院交通主管部门规定的船员培训质量控制体系"。在对船员培训的实施方式和过程的监管方面,要求从事船员培训业务的机构,应当按照国务院交通主管部门规定的船员培训大纲和水上交通安全、防治船舶污染、船舶保安等要求,在核定的范围内开展船员培训,确保船员培训质量。总而言之,主管机关通过对船员培训机构的资质管理和过程监控,保证船员教育培训质量。

(三)交通运输部及国家海事局的相关法规

1.《中华人民共和国船员培训管理规则》

船员培训历来被国际航运界所高度重视,它是 STCW 公约及其附则中的一个重要组成部分,是提高船员航海职业、技术和安全方面素质和技能的重要手段。船员培训也是我国政府"履约"的核心部分之一。

为加强船员培训管理,保证船员培训质量,提高船员的职业素质,保障水上人命和财产安全,保护环境,1997 年交通部颁布了《中华人民共和国船员培训管理规则》(交通部令1997 年第 13 号),对规范船员培训行为,提高船员的专业技能起到了重要的作用。2007 年,交通运输部对《中华人民共和国船员培训管理规则》进行修订,以适应船员教育培训、船员队伍发展的外部环境发生的深刻变化、经济社会及航运业对船员培训提出的新要求。

《中华人民共和国船员培训管理规则》是船员培训机构申办培训资质、开展培训工作最主要的指导文件,明确了培训机构开展船员教育培训的种类和项目、培训许可申请工作的程序和要求、海事管理机构对培训机构进行核查以及许可延续和中期核查制度、船员培训机构开展培训活动的过程管理要求、海事管理机构对培训机构开展培训工作的抽查机制以及对违反规定的处罚措施等内容。根据《中华人民共和国船员培训管理规则》,船员岗位适任培训中包含了船长、轮机长、大副、大管轮、三副、三管轮等船上职务的培训,并通过"等效"的方式搭起了当前的航海教育与船员岗位适任培训联系的桥梁,其第五十条规定"具有开展全日制航海中专、专科及以上学历教育资格的院校,经中华人民共和国海事局同意后,招收的全日制航海专业学生完成学校规定的教程并取得毕业证书,等同完成本规则规定的三副、三管轮岗位适任培训。"

《〈中华人民共和国船员培训管理规则〉实施办法》是对《中华人民共和国船员培训管理规则》相关内容的细化,并为船员培训机构申请培训许可、开展培训工作以及海事管理机构对培训机构的服务、管理工作提供明确的标准依据和行动指南。例如,对于《中华人民共和国船员条例》中要求的"符合要求的场地、设施和设备",此文件针对拟培训的种类和项目,对场地设施设备的要求进行细化,细化到所需设备的功能、台套数等,相当于为各培训项目提供了实训条件标准。另外,对培训项目所需的师资队伍等也提供了标准要求。

《中华人民共和国船员培训管理规则》在"船员培训的实施"部分要求"培训机构应当按照交通运输部规定的船员培训大纲和水上交通安全、防治船舶污染等要求设置培训课程、制定培训计划并开展培训。"重点强调"培训机构开展培训的课程应当经过海事管理机构确认"。海事管理机构对船员培训机构开展船员培训活动进行监督检查,以确保船员培训符合国家相关法规和标准要求。

2.《中华人民共和国海船船员适任考试和发证规则》

海员考试发证的政策法规除了《中华人民共和国海上交通安全法》《中华人民共和国海商法》《中华人民共和国船员条例》中做了原则性规定之外,主要依靠交通运输部有关海员适任考试和发证的部门规章(部令),以及交通运输部的规范性文件加以规定,交通运输部海事局适时对相关规定进行补充和细化。

2011 年 12 月 8 日,交通运输部第 12 次部务会议通过了《中华人民共和国海船船员适任考试和发证规则》(交通运输部令 2011 年第 12 号,以下简称"11 规则"),自 2012 年 3 月 1 日起施行。根据 2013 年 12 月 24 日交通运输部《关于修改〈中华人民共和国海船船员适任考试和发证规则〉的决定》第一次修正,根据 2017 年 3 月 28 日交通运输部《关于修改〈中华人民共和国海船船员适任考试和发证规则〉的决定》第二次修正。最新为 2020 年 7 月 2 日交通运输部第 21 次部务会议通过的《中华人民共和国海船船员适任考试和发证规则》修正案,自 2020 年 11 月 1 日起施行。

(1)"11 规则"新变化及主要内容

"11 规则"是我国海员考试和发证政策的纲领性文件,也是影响船员队伍发展的核心政策规定之一,在船员管理中具有举足轻重的地位和作用,历来为业界所高度关注。"11 规则"对适任考试重新定义,适任考试包括理论考试和评估,和《中华人民共和国船员条例》的规定衔接吻合。"11 规则"在证书、航区、有关机构的责任、非航海类毕业生海员培训等方面进行了较大的政策调整,主要如下:

取消航海类学历作为申请适任证书的条件之一的规定。"11 规则"是建国以来,交通运输部制定的有关海员考试和发证的第 7 部规定,是对"04 规则"的修订。在证书体系上,"11 规则"对之前的考试发证规则进行了较大的调整。自 1998 年 8 月 1 日,《中华人民共和国海船船员适任考试、评估和发证规则》(交通部令 1997 年第 14 号,以下简称"97 规则")施行以来,航海类中专(或 2 年航海职业教育)、大专一直是新加入高级船员队伍人员的必要条件,成为一些有海上服务资历但没有学历的支持级船员晋升高级船员难以逾越的门槛。"11 规则"取消了多年来晋升操作级、管理级船员需要航海类中专、大专学历的政策限制,航海类学历不再成为加入高级船员的门槛。即在船上担任值班的普通船员达到 18 个月的海上服务资历,并满足相应的培训要求可申请参加三副、三管轮适任证书考试。同时,根据《中华人民共和国船员条例》的规定,"11 规则"增加了相应适任培训的要求。"11 规则"并没有否定航海教育的作用,而是按不同层次和类型的航海教育,采取层级管理的模式区别对待,如接受不少于 2 年全日制航海类中职/中专及以上教育的学生完成全部理论和实践教学内容后,可以相应地申请沿海航区三副、三管轮、电子电气员的适任考试;接受全日制航海类高职/高专及以上教育的学生完成全部理论和实践教学内容后,可以相应地申请无限航区三副、三管轮、电子电气员的适任考试。需要指出的是,"11 规则"要求的航海教育的类型是全日制,也即非全日制,如函授、自考等方式将不被认可。这一点值得航海教育和培训机构注意。

同时,"11 规则"还借鉴吸收 2006 年交通部实施的全日制非航海类工科毕业生海员培训政策的经验,将其正式纳入"11 规则"中,并规定完成全日制非航海类大专及以上教育并接受不少于 18 个月三副、三管轮、电子电气员岗位适任培训的学员,完成全部理论和实践教学内容后,可以相应地申请无限航区三副、三管轮、电子电气员的适任考试。新的非航海毕业生海员培训政策主要有两个方面的调整,一是培训时间延长了,由原来的 12 个月调增加到 18 个月;二是参加培训的对象范围放宽了,由原来的理学、工学、农学、医学、管理学五个门类,以及法学门类中的法学专业、文学门类中的英语专业的非航海专业毕业生放宽到所有全日制非航海类大专及以上教育的毕业生。需要注意的是,除了学历要求外,该政策对教育类型做了限定,仅适用于是全日制学员,非全日制,如函授、自考等不属于该政策的范围。

(2)重新调整了适任证书航区和等级

"11 规则"对适任证书等级重新做了划分,其中无限航区船长、驾驶员、轮机长和轮机员适任证书分为二个等级,一等适任证书适用于 3 000 总吨及以上或者主推进动力装置 3 000 千瓦及以上的船舶,二等适任证书适用于 500 总吨及以上至 3 000 总吨或者主推进动力装置 750 千瓦及以上至 3 000 千瓦的船舶。无限航区值班水手、值班机工适任证书仅有一个等级,即适用于 500 总吨及以上或者主推进动力装置 750 千瓦及以上的船舶。沿海航区船长、驾驶员、轮机长和轮机员适任证书分为三个等级,一等、二等适任证书的划分与无限航区的相同,三等适任证书适用于未满 500 总吨或者主推进动力装置未满 750 千瓦的船舶。沿海航区值班水手、值班机工适任证书分为二个等级,其中一等适用于 500 总吨及以上或者主推进动力装置 750 千瓦及以上的船舶,二等适任证书适用于未满 500 总吨或者主推进动力装置未满 750 千瓦的船舶。高级值班水手、高级值班机工适任证书仅有一个等级,即适用于 500 总吨及以上或者主推进动力装置 750 千瓦及以上的船舶。电子电气员和电子技工适任证书仅有一个等级,即适用于主推进动力装置 750 千瓦及以上的船舶。

（3）重新整合了适任考试科目

"04 规则"以附件的形式明确了适任考试科目和评估项目。"11 规则"则授权部海事局制定考试科目,制定考试科目时以覆盖 STCW 公约马尼拉修正案确定的职能模块、新适任标准及适当减少现有的适任考试科目为原则,借鉴吸收了以往科目的成果,重新调整、合并现有的适任考试科目,避免海员在职务晋升、航区扩大和吨位/功率提高考试中重复考某些知识点的现象发生。调整后的船长和甲板部船员适任证书考试科目为航海学、船舶操纵与避碰、船舶管理、船舶结构与货运、航海英语、水手业务、水手英语,评估项目为航次计划、气象传真图分析、电子海图显示与信息系统、航线设计、雷达操作与应用、船舶操纵、避碰与驾驶台资源管理、货物积载与系固、航海仪器的使用、航海英语听力与会话、水手值班、水手工艺、水手英语听力与会话;轮机部船员适任证书考试科目为主推进动力装置、船舶辅机、船舶电气与自动化、船舶管理、轮机英语、船舶动力装置、机工业务、机工英语,评估项目为轮机模拟器、动力装置测试分析与操作、动力设备拆装、电气与自动控制、动力设备操作、船舶电工工艺和电气设备、金工工艺、机舱资源管理、轮机英语听力与会话、机工英语听力与会话、设备拆装与操作、动力设备操作与管理。

（4）调整了适任考试

"11 规则"在第二十四条中明确规定适任考试包括理论考试和评估,也即评估是考试的一部分。除了这种概念的变化外,"11 规则"还对申请考试的主体、申请考试提交的信息、考试所需资历、考试科目、补考等方面做出了调整。一是"11 规则"放宽了申请主体,没有对申请主体作出具体要求,而"04 规则"明确地限定了申请主体,只能由船员本人或其委托他人或公司提出。二是减少了申请参加适任考试应当提交的信息,"11 规则"只要求提供 3 项信息,分别是身份证件,所申请考试的适任证书航区、等级、职务,以及符合海事管理机构要求的照片。三是更加明确了参加适任考试应具备的海上服务资历。"11 规则"规定申请适任证书的海上服务资历须在参加岗位适任培训前取得,不能在参加考试后再补。四是调整了考试科目。在形式上,"04 规则"的考试科目和评估项目是以规则附表的形式随规则一并公布,而"11 规则"则明确授权国家海事管理机构统一制定并公布适任考试科目、大纲,考试科目、大纲的制定颁布就不再依附于规则。这种形式上的调整更有利于国家海事管理机构根据国际公约和国内形势的变化及时调整相应的考试科目和大纲,增加了灵活性。在内容上,"11 规则"配套实施文件,以覆盖马尼拉修正案设定的适任模块和标准,减少考试科目,尽量避免航扩、吨位提高、功率提高时重复培训为原则,重新设定了理论考试科目和评估项目。五是重新确定补考的规定。"04 规则"规定适任考试有科目或者项目不及格的,可以在初次适任考试准考证签发之日起 3 年内申请 5 次补考,逾期不能通过全部适任考试的,所有适任考试成绩失效。但 2008 年 3 月 27 日,原交通部印发了《关于实施加快船员队伍发展十大措施的通知》(交海发〔2008〕141 号),规定船员适任考试成绩 3 年有效,取消补考次数的限制。2008 年 8 月 1 日,部海事局印发了《关于船员考试、评估和发证工作有关事宜的通知》(海船员〔2008〕352 号)。根据该文件精神,航海院校在校学生参加理论考试和评估可以分多次进行,且可在教学过程中进行。这两份文件实质上修订并放宽了"04 规则"关于补考的规定,这两次补考政策的调整其出发点是为船员着想,本意是好的。但也导致了在系统航海理论教学和实践教学尚未完成的情况下就开始学一门考一门的应试教育现象较为严重,或者考试不及格的船员连续补考一直不上船的现象,不利于海员素质的提高和船员队伍稳步发展,同时也增加了海事管理机构相当的工作量和负担,不利于管理。鉴于此,"11 规则"重新回到了"04 规则"的规定,强调了补考次数的限制,并重申理论考试和评估是一个有机整体,初考应一次性申请,每单独申请一次理论考试或评估均视为一次补考,尽量避免学一门考一门的应试教育。

(5)增加了有关机构的责任

"11 规则"较"04 规则"在有关机构的主体范围、船员的语言沟通能力、培训制度等方面提出了更高的要求。一是扩大了责任主体。除了航运公司外,还涵盖了船员服务机构、船员外派机构,公司和机构均应承担规则规定的相应责任。二是在"04 规则"要求的基础上,增加了航运公司及相关机构应当保证被指派任职的船员具有良好工作语言运用及沟通能力的新要求,确保在紧急情况下和执行安全、防污染和保安职能时,能够有效履行职责。三是强调了培训制度,"11 规则"要求航运公司及相关机构建立并完善船员培训制度,制定并执行有关培训、见习等方面的培训计划,并采取有效措施确保各类船员培训有效实施。

3.《中华人民共和国船员培训和船员管理质量管理规则》

STCW 公约附则中规则 I/8(质量标准)中规定,各缔约国对所进行的船员培训、适任评估、发证、签证和再有效工作,要通过一个质量标准体系使其受到连续的监控,以确保达到既定的目标。可以看出,公约的目的是"应通过质量标准体系进行连续监控",而没有制定或指定质量体系具体的标准或模式,将主动权交给了各缔约国,由各缔约国确定采取何种质量标准,体现了公约和实际操作的灵活性。根据 STCW 公约附则 I/8 第一条第二款的要求,我国船员教育、培训、考试和发证的质量管理工作是政府机构组织进行的。因此,我国政府主管机关制定了船员教育和培训质量管理以及船员考试、评估和发证质量管理方面的法规,为船员教育和培训机构以及考试发证机构建立质量管理体系提供了法律依据。各船员教育和培训机构以及考试发证机构根据主管机关的要求,建立与运行船员教育和培训质量体系及船员考试、评估和发证质量体系,保证了船员培训、考试、评估和发证工作在质量体系的连续控制之下进行,以达到既定的目标。

《中华人民共和国船员条例》规定了依法设立的培训机构从事船员培训,应当有符合国务院交通主管部门规定的船员培训质量控制体系。《中华人民共和国船员培训管理规则》进一步明确了所有开展船员培训的机构必须建立与运行船员教育和培训质量体系,并通过主管机关的审核,取得《中华人民共和国船员教育和培训质量体系证书》(以下简称《质量体系证书》),为与2019 年6 月1 日开始实施的《中华人民共和国船员培训管理规则》(交通运输部令2019 年第5 号)有关要求相适应,同时借鉴2015 年版 ISO9000 族体系标准的有关理念和原则,对原《中华人民共和国船员培训质量管理规则》《中华人民共和国船员管理质量管理规则》《中华人民共和国船员培训质量管理体系和船员管理质量管理体系审核实施细则》等三个文件自2012 年开始实施以来所积累的一些问题进行优化和完善,进一步规范船员培训机构管理、促进培训质量不断提升,交通运输部海事局将上述原相关文件合并为《中华人民共和国船员培训和船员管理质量管理规则》,整体工作原则和内容框架与原文件保持一致。

船员教育和培训质量管理体系包括:质量方针和目标,职责、权限和沟通,教学和培训计划,招生与学员管理,教学与管理人员,场地、设施和设备,教学和训练的实施,教学和训练的检查与评估,质量记录控制,纠正和预防措施,文件控制,内部审核和管理评审等 12 个基本要素。船员教育和培训质量管理体系文件应包括:

①质量手册。用于阐明船员教育和培训机构的质量方针和质量目标,介绍质量管理体系,概述实现质量管理体系基本要求的途径或方法。质量手册至少应包括以下内容:质量方针和目标、质量管理组织机构、部门职责、实现本规则第二章基本要求的途径或方法。

②程序文件。用于描述质量管理体系基本要求所涉及的过程,并规定实施这些过程的程序或方法。程序文件至少应包括以下内容:目的、适用范围、该程序相关的部门或岗位职责、工作流程、依据的规范性文件、需要的质量记录。一个文件可包括一个或多个基本要求。一个形成文件的基本要求可以被包含在多个文件中。

③支持性文件。用于明确具体的工作规范和标准。支持性文件至少应包括:与船员教育和培训相关的国际公约、法律、法规、规章、技术规范、标准等外来文件;本机构的岗位职责、业务指导、操作规范、规章制度等内部文件。

船员教育和培训质量管理体系应接受审核机构组织的外部审核。外部审核分为初次审核、中间审核、换证审核、附加审核和跟踪审核。审核机构根据船员教育和培训机构的审核申请,组织有资格的审核员组成审核组对其质量管理体系实施独立审核,以验证质量管理体系的符合性、有效性和连续性。审核机构根据审核结论决定颁发或不予颁发质量管理体系证书,或在质量管理体系证书上做相应的签注。质量管理体系证书有效期不超过 5 年,其有效性服从于有效期内各次外部审核的结果。初次审核、中间审核、换证审核、跟踪审核未通过的,可在 3 个月后向审核机构申请初次审核。附加审核未通过的,可重新申请附加审核。

中华人民共和国海事局负责统一管理船员教育、培训和船员管理质量管理体系审核工作。船员教育和培训质量管理体系的审核工作由中华人民共和国海事局或其授权的海事管理机构组织实施。

4.《海船船员培训大纲》

按照《中华人民共和国船员条例》第三十八条规定,从事船员培训业务的机构,应当按照国务院交通主管部门规定的船员培训大纲和水上交通安全、防治船舶污染、船舶保安等要求,在核定的范围内开展船员培训,确保船员培训质量。船员教育培训机构开展培训时,必须首先满足纲要的要求,培训内容要符合大纲要求,培训时间上不低于规定的课时数量,确保船员的教育培训质量。因此,为了进一步规范海船船员培训行为,提高培训质量,2017年 3 月 7 日交通运输部办公厅发布了《海船船员培训大纲(2016 版)》自 2017 年 4 月 1 日起施行。2021 年修改为《海船船员培训大纲(2021 版)》由交通运输部办公厅重新发布实施。

（1）培训大纲的制定依据

与许多国家直接引用 STCW 公约船员适任标准不同,我国海船船员培训大纲是基于 STCW 公约船员适任标准的基础上,充分考虑我国航海教育与培训的实践和规律制定的,源于 STCW 公约,部分项目(如值班水手、值班机工)高于 STCW 公约,同时参考了国际海事组织出版的一系列示范课程和我国海船船员考试大纲,体现了适任标准的全面性、符合性和系统性,其实质上就是我国船员培训的适任标准。

（2）培训大纲颁布的意义

《海船船员培训大纲》是我国首次制定的涵盖各等级、职务船员的大纲,改变了我国原有的以船员考试大纲为指导的船员教育培训现状,是积极落实《中国船员发展规划(2016—2020 年)》建立应用型船员为主的培养模式、打造高素质的船员人才队伍目标,建立健全船员教育培训规范标准,按照船员不同职务资格的适任能力要求,形成系统的船员培训知识体系的一项重要举措,将引导航运业更加关注船员的培训,促进我国船员培训从应试型向应用型转变,建立多元化的船员教育培训体系,促进航运企业和船员教育培训机构联合办学,推行订单式和模块化分段式培训,以及"师带徒"培训奠定了技术基础,确保我国船员人才队伍健康发展。培训大纲的颁布实施,既统一了我国海船船员的适任标准,又必将对我国履行国际公约和开展国际交流带来积极影响,进而提升我国船员培训和管理的国际话语权。

（3）培训大纲的内容特点

《海船船员培训大纲》按适用对象、等级和项目分为驾驶和通讯、轮机和电子电气、基本安全和专业技能、特殊培训四个部分 4 大类 45 小项,涵盖了 STCW 公约规定的船长、大副、操作级驾驶员、轮机长、大管轮、操作级轮机员、GMDSS 操作员、电子电气员等高级船员和普通船员在内的所有船员和培训项目,分别与 STCW 规则第 Ⅱ、Ⅲ、Ⅳ、Ⅴ、Ⅵ 章对船员的培训和适任要求相对应,每项培训大纲由适用对象(项目)、适任要求、理论知识、实践技能、学时和评价标准等部分组成,内容上按照职能模块进行划分,培训大纲在满足 STCW 公约要求的基础上,充分考虑了我国海船船员培训实际和航运科技发展现状,适当提高了我国船员特别是船长、轮机长等管理级船员的适任要求。

《海船船员培训大纲》具有通用性和差异性的特点,考虑到入学标准不同,在学时要求上采用推荐学时方式,而非强制学时,船员教育培训机构在设置培训课程并取得培训课程的确认时,学时安排具有一定灵活性,培训内容默认入学标准为高中(中职)毕业生,对初中毕业入学的学员,应适当补充相关基础知识。培训的适用对象没有航区的区分,部分适任项目的内容可根据培训对象的航区要求不同,在评价标准方面应具有一定的差异性。

按照部海事局实施培训大纲的通知要求,培训机构应完成培训课程的论证,并于开班前将书面培训计划、培训课程,以及培训课程论证情况和培训课程安排对照报辖区直属海事管理机构审核,未经海事管理机构确认课程的,不得开班培训。

三、船员教育落实 STCW 公约要求对我国教学标准制定及实施的借鉴意义

教育部印发《职业教育专业目录(2021年)》后,随即部署新的专业标准制定工作。通过

学习教育部关于专业标准制定的相关指示精神,对比我国船员教育落实国际标准的系列举措,我国推进标准建设及实施工作,有以下几方面值得借鉴:

1. 专业标准必须可量化、可监督、可比较

专业标准的制定须遵照"可量化"的原则,一方面能够敦促专业标准的制定者以及依据专业标准制定专业人才培养方案的制定者必须深入调研,确保调研工作做深、做实,保证所制定的专业人才培养方案真正基于企业需求、岗位需要;另一方面所确定的专业人才培养目标规格可测量、可评价,具体来说就是目标评价标准尽量明确,STCW 公约以岗位职能为依据,从"适任""知识、理解和熟练""表明适任的方法"和"评价适任的标准"四个维度对"最低适任标准"进行详细描述,启示我们在制定专业人才培养目标规格时,不但需要确定目标岗位职责、典型工作任务和完成任务所需的知识、能力和素质要求,应同时明确评价标准以及评价的方法,以保证培养目标目的的真正实现;以及专业的办学条件需明确,包括师资数量资质要求、实习实训条件等内容。

2. 建立、运行质量管理体系,确保人才培养质量的实现

按照《中华人民共和国船员培训和船员管理质量管理规则》,船员培训机构需建立并运行质量管理体系,及时发现、纠正人才培养过程中出现的问题,海事管理机构定期核查船员培训机构教育培训情况,以保证人才培养过程的科学性、有效性。因此,教育部办公厅 2015 年要求职业院校建立教学工作诊断与改进制度是非常有必要的,高职院校须高度重视,保证落实。

3. 严把出口关以保证专业人才培养质量

依据《中华人民共和国海船船员适任考试和发证规则》,由海事管理机构对各培训机构的学员考取适任证书进行统一标准的理论考试及实践技能评估,考教分离,严格保证教育教学质量。这种方式不但对于当前进行的 1+X 证书制度有切实借鉴意义,也要求各院校严把学生毕业环节,切实按照专业人才培养目标标准对学生进行评价,以保证为企业、为社会提供合格的人才。

4. 落实教育教学标准需要一系列制度文件保驾护航

对于船员教育培养,国务院发布的船员条例、交通运输部的系列部令,为规范教育教学行为、落实教学标准提供了详细遵循。国家教育行政部门也需要制定、发布配套文件以指导、规范各院校专业标准的落地实施工作,并加大监督、检查的力度,切实保证各院校重视标准、实施标准,为经济社会发展提供高质量的技术技能人才。

伴随着我国教育尤其是职业教育的高速发展,我国在教学标准方面的要求具有我们自己的特色。具体来说,我们的标准制定更加关注"立德树人",更加关注人的全面发展,这是国际标准不能比拟的;另外在顶层设计的理念上、具体内容的要求上也比较先进,只是在具体落实上缺乏操作层面的经验,监督机制尚显弱化。我国的教学标准制定工作刚刚起步,相信随着对标准工作认识的深化,后续标准将更加完备,更加科学。当前职教战线在学习参考国际标准的基础上,结合我国实际制定中国特色的专业标准和教学标准,完全能够引领国际的职业教育发展,使我国职业教育逐步走进国际职业教育舞台的中心。

第二篇　STCW公约标准下的中国特色高素质船员培养路径研究

第五章　党和国家对于高职培养高素质技术技能人才的要求及指导意见

一、《中华人民共和国职业教育法》

《中华人民共和国职业教育法》系职业教育领域的最高法律,新修订的《职教法》自2022年5月1日开始实施。高职院校作为我国培养船员的主要力量,自然应当遵守该法律的规定。《中华人民共和国职业教育法》中有关人才培养的内容有如下规定:"职业教育是与普通教育具有同等重要地位的教育类型,是国民教育体系和人力资源开发的重要组成部分,是培养多样化人才、传承技术技能、促进就业创业的重要途径。""职业教育必须坚持中国共产党的领导,坚持社会主义办学方向,贯彻国家的教育方针,坚持立德树人、德技并修,坚持产教融合、校企合作,坚持面向市场、促进就业,坚持面向实践、强化能力,坚持面向人人、因材施教。""实施职业教育应当弘扬社会主义核心价值观,对受教育者进行思想政治教育和职业道德教育,培育劳模精神、劳动精神、工匠精神,传授科学文化与专业知识,培养技术技能,进行职业指导,全面提高受教育者的素质。""国家发挥企业的重要办学主体作用,推动企业深度参与职业教育,鼓励企业举办高质量职业教育。有关行业主管部门、工会和中华职业教育社等群团组织、行业组织、企业、事业单位等应当依法履行实施职业教育的义务,参与、支持或者开展职业教育。""实施职业教育应当根据经济社会发展需要,结合职业分类、职业标准、职业发展需求,制订教育标准或者培训方案,实行学历证书及其他学业证书、培训证书、职业资格证书和职业技能等级证书制度。""国家鼓励行业组织、企业等参与职业教育专业教材开发,将新技术、新工艺、新理念纳入职业学校教材,并可以通过活页式教材等多种方式进行动态更新;支持运用信息技术和其他现代化教学方式,开发职业教育网络课程等学习资源,创新教学方式和学校管理方式,推动职业教育信息化建设与融合应用。""职业学校、职业培训机构实施职业教育应当注重产教融合,实行校企合作。国家鼓励职业学校在招生就业、人才培养方案制定、师资队伍建设、专业规划、课程设置、教材开发、教学设计、教学实施、质量评价、科学研究、技术服务、科技成果转化以及技术技能创新平台、专业化技术转移机构、实习实训基地建设等方面,与相关行业组织、企业、事业单位等建立合作机制。"

《中华人民共和国职业教育法》以法律的形式确立了职业教育是一类型教育,而其中的"七个坚持"集中体现了其类型特征。职业教育作为教育类型的典型特征是"德技并修",而实现德技并修的前提和基础是"产教融合、校企合作",因此,在职业教育的教育教学过程中尤其须注重"产教融合、校企合作"基础上的"工学结合、知行合一"人才培养模式的设计及贯彻实施。

二、新时代以来党和国家关于职业教育在教育教学方面的系列指导意见

(一)《关于加快发展现代职业教育的决定》

2014年5月国务院下发《关于加快发展现代职业教育的决定》,要求职业教育"服务需求、就业导向。服务经济社会发展和人的全面发展,推动专业设置与产业需求对接,课程内容与职业标准对接,教学过程与生产过程对接,毕业证书与职业资格证书对接,职业教育与终身学习对接。重点提高青年就业能力。""推进人才培养模式创新。坚持校企合作、工学结合,强化教学、学习、实训相融合的教育教学活动。推行项目教学、案例教学、工作过程导向教学等教学模式。加大实习实训在教学中的比重,创新顶岗实习形式,强化以育人为目标的实习实训考核评价。健全学生实习责任保险制度。积极推进学历证书和职业资格证书"双证书"制度。开展校企联合招生、联合培养的现代学徒制试点,完善支持政策,推进校企一体化育人。开展职业技能竞赛。""建立健全课程衔接体系。适应经济发展、产业升级和技术进步需要,建立专业教学标准和职业标准联动开发机制。推进专业设置、专业课程内容与职业标准相衔接,推进中等和高等职业教育培养目标、专业设置、教学过程等方面的衔接,形成对接紧密、特色鲜明、动态调整的职业教育课程体系。全面实施素质教育,科学合理设置课程,将职业道德、人文素养教育贯穿培养全过程。""提高信息化水平。构建利用信息化手段扩大优质教育资源覆盖面的有效机制,推进职业教育资源跨区域、跨行业共建共享,逐步实现所有专业的优质数字教育资源全覆盖。支持与专业课程配套的虚拟仿真实训系统开发与应用。推广教学过程与生产过程实时互动的远程教学。加快信息化管理平台建设,加强现代信息技术应用能力培训,将现代信息技术应用能力作为教师评聘考核的重要依据。""支持职业院校引进国(境)外高水平专家和优质教育资源……积极参与制定职业教育国际标准,开发与国际先进标准对接的专业标准和课程体系。"

(二)《关于深化产教融合的若干意见》

为培养学生的创新精神和实践能力,更好地发挥企业重要主体作用,促进人才培养供给侧和产业需求侧结构要素全方位融合,国务院办公厅2017年12月印发《关于深化产教融合的若干意见》,要求"将产教融合作为促进经济社会协调发展的重要举措,融入经济转型升级各环节,贯穿人才开发全过程,形成政府企业学校行业社会协同推进的工作格局。""面向产业和区域发展需求,完善教育资源布局,加快人才培养结构调整,创新教育组织形态,促进教育和产业联动发展。""充分调动企业参与产教融合的积极性和主动性,强化政策引导,鼓励先行先试,促进供需对接和流程再造,构建校企合作长效机制"以持续提升人才培养质量,增强教育,尤其是职业教育、高等教育对经济发展和产业升级的贡献力。对于职业院

校,文件要求"推进产教协同育人。坚持职业教育校企合作、工学结合的办学制度,推进职业学校和企业联盟、与行业联合、同园区联结。大力发展校企双制、工学一体的技工教育。深化全日制职业学校办学体制改革,在技术性、实践性较强的专业,全面推行现代学徒制和企业新型学徒制,推动学校招生与企业招工相衔接,校企育人"双重主体",学生学徒"双重身份",学校、企业和学生三方权利义务关系明晰。实践性教学课时不少于总课时的 50%。""健全高等教育学术人才和应用人才分类培养体系,提高应用型人才培养比重。推动高水平大学加强创新创业人才培养,为学生提供多样化成长路径。大力支持应用型本科和行业特色类高校建设,紧密围绕产业需求,强化实践教学,完善以应用型人才为主的培养体系。推进专业学位研究生产学结合培养模式改革,增强复合型人才培养能力。"

文件关于深化产教融合提出了比较详尽的意见,在此"只取一瓢饮",主要为了说明党和国家对新时代人才培养要求采取"产教融合、校企合作"的办学模式和"工学结合、知行合一"的人才培养模式。

(三)《国家职业教育改革实施方案》

2019 年 1 月,国务院发布《国家职业教育改革实施方案》,该文件在我国职业教育发展历程中具有里程碑意义,首次明确"职业教育与普通教育是两种不同的教育类型,具有同等重要地位。"该方案要求职业教育"落实好立德树人根本任务,健全德技并修、工学结合的育人机制,完善评价机制,规范人才培养全过程。深化产教融合、校企合作,育训结合,健全多元化办学格局,推动企业深度参与协同育人,扶持鼓励企业和社会力量参与举办各类职业教育。推进资历框架建设,探索实现学历证书和职业技能等级证书互通衔接。"高职教育要"把发展高等职业教育作为优化高等教育结构和培养大国工匠、能工巧匠的重要方式,使城乡新增劳动力更多接受高等教育。高等职业学校要培养服务区域发展的高素质技术技能人才,重点服务企业特别是中小微企业的技术研发和产品升级,加强社区教育和终身学习服务。"在人才培养方面,要求职业院校"坚持工学结合、知行合一",同时借鉴"双元制"等模式,总结现代学徒制和企业新型学徒制试点经验,校企共同研究制订人才培养方案,及时将新技术、新工艺、新规范纳入教学标准和教学内容,强化学生实习实训。""推动校企全面加强深度合作。职业院校应当根据自身特点和人才培养需要,主动与具备条件的企业在人才培养、技术创新、就业创业、社会服务、文化传承等方面开展合作。"

为落实《国家职业教育改革实施方案》,教育部、财政部发布《关于实施中国特色高水平高职学校和专业建设计划的意见》,其中在人才培养方面要求"落实立德树人根本任务,将社会主义核心价值观教育贯穿技术技能人才培养全过程。坚持工学结合、知行合一,加强学生认知能力、合作能力、创新能力和职业能力培养。加强劳动教育,以劳树德、以劳增智、以劳强体、以劳育美。培育和传承工匠精神,引导学生养成严谨专注、敬业专业、精益求精和追求卓越的品质。深化复合型技术技能人才培养培训模式改革,率先开展'学历证书+若干职业技能等级证书'制度试点。在全面提高质量的基础上,着力培养一批产业急需、技艺高超的高素质技术技能人才。"

(四)《关于职业院校专业人才培养方案制订与实施工作的指导意见》

2019 年 6 月,教育部出台《关于职业院校专业人才培养方案制订与实施工作的指导意见》,对职业教育人才培养的方案制订及培养过程进行规范和指导。强调专业人才培养方案是职业院校落实党和国家关于技术技能人才培养总体要求,是组织开展教学活动、安排教学任务的规范性文件,是实施专业人才培养和开展质量评价的基本依据。在专业人才培养方案指导的基本原则方面,首先强调"坚持育人为本,促进全面发展。全面推动习近平新时代中国特色社会主义思想进教材进课堂进头脑,积极培育和践行社会主义核心价值观。传授基础知识与培养专业能力并重,强化学生职业素养养成和专业技术积累,将专业精神、职业精神和工匠精神融入人才培养全过程。"在专业人才培养目标的确定方面,要求"依据国家有关规定、公共基础课程标准和专业教学标准,结合学校办学层次和办学定位,科学合理确定专业培养目标,明确学生的知识、能力和素质要求,保证培养规格。要注重学用相长、知行合一,着力培养学生的创新精神和实践能力,增强学生的职业适应能力和可持续发展能力。""坚持把立德树人作为根本任务,不断加强学校思想政治工作,持续深化'三全育人'综合改革,把立德树人融入思想道德教育、文化知识教育、技术技能培养、社会实践教育各环节,推动思想政治工作体系贯穿教学体系、教材体系、管理体系,切实提升思想政治工作质量。"在课程设置方面,要求"严格按照国家有关规定开齐开足公共基础课程。""高等职业学校应当将思想政治理论课、体育、军事课、心理健康教育等课程列为公共基础必修课程,并将马克思主义理论类课程、党史国史、中华优秀传统文化、职业发展与就业指导、创新创业教育、信息技术、语文、数学、外语、健康教育、美育课程、职业素养等列为必修课或限定选修课。""全面推动习近平新时代中国特色社会主义思想进课程,中等职业学校统一实施中等职业学校思想政治课程标准,高等职业学校按规定统一使用马克思主义理论研究和建设工程思政课、专业课教材。结合实习实训强化劳动教育,明确劳动教育时间,弘扬劳动精神、劳模精神,教育引导学生崇尚劳动、尊重劳动。推动中华优秀传统文化融入教育教学,加强革命文化和社会主义先进文化教育。深化体育、美育教学改革,促进学生身心健康,提高学生审美和人文素养。""根据有关文件规定开设关于国家安全教育、节能减排、绿色环保、金融知识、社会责任、人口资源、海洋科学、管理等人文素养、科学素养方面的选修课程、拓展课程或专题讲座(活动),并将有关知识融入到专业教学和社会实践中。学校还应当组织开展劳动实践、创新创业实践、志愿服务及其他社会公益活动。"并且要求在专业人才培养方案的制订及实施过程中强化课程思政。积极构建"思政课程+课程思政"大格局,推进全员全过程全方位"三全育人",实现思想政治教育与技术技能培养的有机统一。结合职业院校学生特点,创新思政课程教学模式。强化专业课教师立德树人意识,结合不同专业人才培养特点和专业能力素质要求,梳理每一门课程蕴含的思想政治教育元素,发挥专业课程承载的思想政治教育功能,推动专业课教学与思想政治理论课教学紧密结合、同向同行。

《关于职业院校专业人才培养方案制订与实施工作的指导意见》规定三年制中职、高职每学年安排40周教学活动。三年制中职总学时数不低于3 000,公共基础课程学时一般占总学时的1/3;三年制高职总学时数不低于2 500,鼓励学生自主学习,公共基础课程学时应当不少于总学时的1/4。中、高职选修课教学时数占总学时的比例均应当不少于10%。一般以16~18学时计为1个学分。鼓励将学生取得的行业企业认可度高的有关职业技能等级证书或已掌握的有关技术技能,按一定规则折算为学历教育相应学分。要求强化实践环节。加强实践性教学,实践性教学学时原则上占总学时数 50% 以上。要积极推行认知实习、跟岗实习、顶岗实习等多种实习方式,强化以育人为目标的实习实训考核评价。学生顶岗实习时间一般为 6 个月,可根据专业实际,集中或分阶段安排。促进书证融通。鼓励学校积极参与实施 1+X 证书制度试点,将职业技能等级标准有关内容及要求有机融入专业课程教学,优化专业人才培养方案。加强分类指导。鼓励学校结合实际,制订体现不同学校和不同专业类别特点的专业人才培养方案。对退役军人、下岗职工、农民工和新型职业农民等群体单独编班,在不降低标准的前提下,单独编制专业人才培养方案,实行弹性学习时间和多元教学模式。实行中高职贯通培养的专业,结合实际情况灵活制订相应的人才培养方案。

《关于职业院校专业人才培养方案制订与实施工作的指导意见》对专业人才培养方案的制订程序进行了规定:(一)规划与设计。学校应当统筹规划,制订专业人才培养方案制(修)订的具体工作方案。成立由行业企业专家、教科研人员、一线教师和学生(毕业生)代表组成的专业建设委员会,共同做好专业人才培养方案制(修)订工作。(二)调研与分析。各专业建设委员会要做好行业企业调研、毕业生跟踪调研和在校生学情调研,分析产业发展趋势和行业企业人才需求,明确本专业面向的职业岗位(群)所需要的知识、能力、素质,形成专业人才培养调研报告。(三)起草与审定。结合实际落实专业教学标准,准确定位专业人才培养目标与培养规格,合理构建课程体系、安排教学进程,明确教学内容、教学方法、教学资源、教学条件保障等要求。学校组织由行业企业、教研机构、校内外一线教师和学生代表等参加的论证会,对专业人才培养方案进行论证后,提交校级党组织会议审定。(四)发布与更新。审定通过的专业人才培养方案,学校按程序发布执行,报上级教育行政部门备案,并通过学校网站等主动向社会公开,接受全社会监督。学校应建立健全专业人才培养方案实施情况的评价、反馈与改进机制,根据经济社会发展需求、技术发展趋势和教育教学改革实际,及时优化调整。

为保证"专业人才培养方案制订"工作的实施,要求:(一)全面加强党的领导。加强党的领导是做好职业院校专业人才培养方案制订与实施工作的根本保证。职业院校在地方党委的领导下,坚持以习近平新时代中国特色社会主义思想为指导,切实加强对专业人才培养方案制订与实施工作的领导。职业院校校级党组织会议和校长办公会要定期研究,书记、校长及分管负责人要经常研究专业人才培养方案的制订与实施。职业院校党组织负责人、校长是专业人才培养方案制订与实施的第一责任人,要把主要精力放到教育教学工作上来。(二)强化课程思政。积极构建"思政课程+课程思政"大格局,推进全员全过程全方位"三全育人",实现思想政治教育与技术技能培养的有机统一。结合职业院校学生特点,创新思政课程教学模式。强化专业课教师立德树人意识,结合不同专业人才培养特点和专业能力素质要求,梳理每一门课程蕴含的思想政治教育元素,发挥专业课程承载的思想政治教育功能,推动专业课教学与思想政治理论课教学紧密结合、同向同行。(三)组织开发专业课程标准和教案。根据专业人才培养方案总体要求,制(修)订专业课程标准,明确课程目标,优化课程内容,规范教学过程,及时将新技术、新工艺、新规范纳入课程标准和教学内容。要指导教师准确把握课程教学要求,规范编写、严格执行教案,做好课程总体设计,按程序选用教材,合理运用各类教学资源,做好教学组织实施。深化教师、教材、教法改革。建设符合项目式、模块化教学需要的教学创新团队,不断优化教师能力结构。健全教材选用制度,选用体现新技术、新工艺、新规范等的高质量教材,引入典型生产案例。总结推广现代学徒制试点经验,普及项目教学、案例教学、情境教学、模块化教学等教学方式,广泛运用启发式、探究式、讨论式、参与式等教学方法,推广翻转课堂、混合式教学、理实一体教学等新型教学模式,推动课堂教学革命。加强课堂教学管理,规范教学秩序,打造优质课堂。推进信息技术与教学有机融合。适应"互联网+职业教育"新要求,全面提升教师信息技术应用能力,推动大数据、人工智能、虚拟现实等现代信息技术在教育教学中的广泛应用,积极推动教师角色的转变和教育理念、教学观念、教学内容、教学方法以及教学评价等方面的改革。加快建设智能化教学支持环境,建设能够满足多样化需求的课程资源,创新服务供给模式,服务学生终身学习。改进学习过程管理与评价。严格落实培养目标和培养规格要求,加大过程考核、实践技能考核成绩在课程总成绩中的比重。严格考试纪律,健全多元化考核评价体系,完善学生学习过程监测、评价与反馈机制,引导学生自我管理、主动学习,提高学习效率。强化实习、实训、毕业设计(论文)等实践性教学环节的全过程管理与考核评价。

《关于职业院校专业人才培养方案制订与实施工作的指导意见》对专业人才培养方案的重要作用、内容要求、制订程序及实施保障等方面提出了详尽的要求和规定,是高职院校制定专业人才培养方案的指南和遵循。

(五)《职业教育提质培优行动计划(2020—2023年)》

为贯彻落实《国家职业教育改革实施方案》,办好公平有质量、类型特色突出的职业教育,提质培优、增值赋能、以质图强,加快推进职业教育现代化,更好地支撑我国经济社会持续健康发展,教育部、国家发展改革委、工业和信息化部等九部门2020年9月联合下发《职业教育提质培优行动计划(2020—2023年)》,提出了落实立德树人根本任务、推进职业教育协调发展、完善服务全民终身学习的制度体系、深化职业教育产教融合校企合作、健全职业教育考试招生制度、实施职业教育治理能力提升行动、实施职业教育"三教"改革攻坚行动、实施职业教育信息化2.0建设行动、实施职业教育服务国际产能合作行动、施职业教育创新发展高地建设行动等10方面27项具体任务,着力解决职业教育发展面临的重点、难点、痛点问题。任务具体、目标明确,对提高职业教育质量提出了切实可行的指导措施。在此不再对该文件进行提炼,原因是文件所确定的10方面27项建设任务都对准了提升职业教育质量的关键问题,尤其是立德树人、产教融合、三教改革、信息化等方面更是与专业人才培养直接相关,建议认真学习文件原文,深刻理解并在文件的指引下,奋发作为、守正创新,积极探索完成文件所列的建设任务。职业院校的中心工作是人才培养,应在教育教学中全面贯彻文件的要求,在文件精神的指引下创新、探索提升人才培养质量、高质量履行高校人才培养、科学研究、社会服务、文化传承与创新、国际合作五项职能的办法,并为全国职业教育的发展提供参考或形成可供借鉴、推广的制度经验。

(六)《深化新时代教育评价改革总体方案》

教育评价事关教育发展方向以及各学校的办学导向。2020年10月,中共中央、国务院印发了《深化新时代教育评价改革总体方案》，引导我国教育坚持立德树人，牢记为党育人、为国育才使命，充分发挥教育评价的指挥棒作用，努力培养培养德智体美劳全面发展的社会主义建设者和接班人，确保教育正确发展方向。《深化新时代教育评价改革总体方案》强调"改革学校评价，推进落实立德树人根本任务。坚持把立德树人成效作为根本标准。加快完善各级各类学校评价标准，将落实党的全面领导、坚持正确办学方向、加强和改进学校党的建设以及党建带团建队建、做好思想政治工作和意识形态工作、依法治校办学、维护安全稳定作为评价学校及其领导人员、管理人员的重要内容，健全学校内部质量保障制度，坚决克服重智育轻德育、重分数轻素质等片面办学行为，促进学生身心健康、全面发展。"对于职业教育《深化新时代教育评价改革总体方案》提出"健全职业学校评价。重点评价职业学校(含技工院校，下同)德技并修、产教融合、校企合作、育训结合、学生获取职业资格或职业技能等级证书、毕业生就业质量、'双师型'教师(含技工院校'一体化'教师，下同)队伍建设等情况，扩大行业企业参与评价，引导培养高素质劳动者和技术技能人才。深化普职融通，探索具有中国特色的高层次学徒制，完善与职业教育发展相适应的学位授予标准和评价机制。加大职业培训、服务区域和行业的评价权重，将承担职业培训情况作为核定职业学校教师绩效工资总量的重要依据，推动健全终身职业技能培训制度。""突出教育教学实绩。""改革学生评价，促进德智体美劳全面发展。树立科学成才观念。坚持以德为先、能力为重、全面发展，坚持面向人人、因材施教、知行合一，坚决改变用分数给学生贴标签的做法，创新德智体美劳过程性评价办法，完善综合素质评价体系，切实引导学生坚定理想信念、厚植爱国主义情怀、加强品德修养、增长知识见识、培养奋斗精神、增强综合素质。完善德育评价。根据学生不同阶段身心特点，科学设计各级各类教育德育目标要求，引导学生养成良好思想道德、心理素质和行为习惯，传承红色基因，增强"四个自信"，立志听党话、跟党走，立志扎根人民、奉献国家。通过信息化等手段，探索学生、家长、教师，以及社区等参与评价的有效方式，客观记录学生品行日常表现和突出表现，特别是践行社会主义核心价值观情况，将其作为学生综合素质评价的重要内容。强化体育评价。建立日常参与、体质监测和专项运动技能测试相结合的考查机制，将达到国家学生体质健康标准要求作为教育教学考核的重要内容，引导学生养成良好锻炼习惯和健康生活方式，锤炼坚强意志，培养合作精神。加强大学生体育评价，探索在高等教育所有阶段开设体育课程。改进美育评价。推动高校将公共艺术课程与艺术实践纳入人才培养方案，实行学分制管理，学生修满规定学分方能毕业。加强劳动教育评价。实施大中小学劳动教育指导纲要，明确不同学段、不同年级劳动教育的目标要求，引导学生崇尚劳动、尊重劳动。探索建立劳动清单制度，明确学生参加劳动的具体内容和要求，让学生在实践中养成劳动习惯，学会劳动、学会勤俭。加强过程性评价，将参与劳动教育课程学习和实践情况纳入学生综合素质档案。"

(七)《关于推动现代职业教育高质量发展的意见》

2021 年全国职业教育大会召开后，为贯彻落实全国职业教育大会精神，推动现代职业教育高质量发展，中共中央办公厅、国务院办公厅印发了《关于推动现代职业教育高质量发展的意见》，强调"职业教育是国民教育体系和人力资源开发的重要组成部分，肩负着培养多样化人才、传承技术技能、促进就业创业的重要职责。在全面建设社会主义现代化国家新征程中,职业教育前途广阔、大有可为。"要求职业教育战线"以习近平新时代中国特色社会主义思想为指导,深入贯彻党的十九大和十九届二中、三中、四中、五中全会精神,坚持党的领导,坚持正确办学方向,坚持立德树人,优化类型定位,深入推进育人方式、办学模式、管理体制、保障机制改革,切实增强职业教育适应性,加快构建现代职业教育体系,建设技能型社会,弘扬工匠精神,培养更多高素质技术技能人才、能工巧匠、大国工匠,为全面建设社会主义现代化国家提供有力人才和技能支撑。""坚持立德树人、德技并修,推动思想政治教育与技术技能培养融合统一;坚持产教融合、校企合作,推动形成产教良性互动、校企优势互补的发展格局;坚持面向市场、促进就业,推动学校布局、专业设置、人才培养与市场需求相对接;坚持面向实践、强化能力,让更多青年凭借一技之长实现人生价值;坚持面向人人、因材施教,营造人人努力成才、人人皆可成才、人人尽展其才的良好环境。"并从"强化职业教育类型特色""完善产教融合办学体制""创新校企合作办学机制""深化教育教学改革""打造中国特色职业教育品牌"等五个方面提出了16项具体建设意见,明确了推进现代职业教育高质量发展的建设内容及工作抓手。

(八)《关于深化现代职业教育体系建设改革的意见》

2022年党的二十大召开后,中共中央办公厅、国务院办公厅印发了《关于深化现代职业教育体系建设改革的意见》,重点关注"如何看职业教育""如何干职业教育"和"谁来干职业教育",直击改革实践中的难点痛点问题,提出了一系列新理念、新观点、新判断,极具理论与实践价值。《关于深化现代职业教育体系建设改革的意见》重申了职业教育的定位,就是要服务人的全面发展,建立健全多形式衔接、多通道成长、可持续发展的梯度职业教育和培训体系,推动普职协调发展、相互融通,让不同禀赋和需要的学生能够多次选择、多样化成才,这对扭转社会对职业教育的鄙视,消解普职分流带来的教育焦虑有重大作用。"职业教育不是'终结教育',也不是'低层次教育',更不是'淘汰教育',而是特色鲜明的一种教育类型。"职业教育的功能定位由"谋业"转向"人本",改革重心由"教育"转向"产教",服务场域由"区域"转向"全局",发展路径由"分类"转向"协同",办学主体由"单一"转向"多元"。

《关于深化现代职业教育体系建设改革的意见》提出一系列深化新阶段职业教育改革的重大举措,总体概括为"一体、两翼、五重点"。省域、市域和学校共同形成改革合力。"一体",即探索省域现代职业教育体系建设新模式,是改革的基座。具体来讲,就是要围绕国家区域发展规划和重大战略,选择有迫切需要、条件基础和改革探索意愿的省(区、市),在产教融合、普职融通等方面改革突破,以点上的改革突破带动面上的高质量发展,形成一批可复制、可推广的新经验新范式,优化有利于职业教育发展的制度环境和生态。"两翼",即市域产教联合体和行业产教融合共同体,是改革的载体。一方面,支持省级人民政府以产业园区为基础,打造兼具人才培养、创新创业、促进产业经济高质量发展功能的产教联合体,集聚资金、技术、人才、政策等要素,有效推动各类主体深度参与职业教育。另一方面,优先选择重点行业和重点领域,组建学校、科研机构、上下游企业等共同参与的跨区域产教融合共同体,汇聚产教资源。"五重点",即围绕职业教育自立自强,设计的五项重点工作,分别是提升职业学校关键办学能力、建设"双师型"教师队伍、建设开放型区域产教融合实践中心、拓展学生成长成才通道和创新国际交流与合作机制五项重要工作。

　　总之,《国家职业教育改革实施方案》首次提出"职业教育与普通教育是两种不同教育类型,具有同等重要地位。"新修订的《中华人民共和国职业教育法》以法律的形式对职业教育作为类型教育予以确立。其类型特征体现在"坚持立德树人、德技并修,推动思想政治教育与技术技能培养融合统一;坚持产教融合、校企合作,推动形成产教良性互动、校企优势互补的发展格局;坚持面向市场、促进就业,推动学校布局、专业设置、人才培养与市场需求相对接;坚持面向实践、强化能力,让更多青年凭借一技之长实现人生价值;坚持面向人人、因材施教,营造人人努力成才、人人皆可成才、人人尽展其才的良好环境。"新时代开展职业教育,务必牢牢把握职业教育的上述类型特征并在人才培养的过程中坚决贯彻落实。而培养高素质的技术技能人才,需切实加强内涵建设,以专业建设、课程建设为抓手,深入加强师资队伍和教材建设,改革教育教学方法,切实培养适应时代要求的高素质船员。

第六章 航海类专业人才培养模式探析

一、"三明治式"人才培养模式

(一) 国际普遍采用"三明治式"人才培养模式

"三明治式"模式是国际航海类专业通行的教育模式,所培养的毕业生具有良好的实践动手能力、英语交流能力、工作适应能力、团队协作能力及管理能力,且已被国际航运企业广泛认可,因此,实施"三明治式"人才培养是我国航海类专业教育国际化发展的重要举措。

"三明治式"航海类专业人才培养模式起源于 20 世纪初的英国,是英国影响最为深远的教育模式,具有相当高的国际认可度和社会影响力,甚至已经成为英国校企合作的代名词。其做法是学生入学后先在学校学习 2 年的理论知识,然后去企业实践 1 年,最后再回校学习 1 年;或者学生在入学前先在企业实践 1 年,然后进入学校学习 2 年或 3 年的理论知识,最后再回到企业实践 1 年。即通过"学习—实践—学习"或"实践—学习—实践"的工学交替,将学生的理论学习与实践训练有机地结合起来。通过密切的校企合作,航运企业提前介入,与学校联合培养,在理论学习中穿插航行实习,以有效解决学生的实践能力培养问题。增强专业培养目标的岗位针对性,做到"学什么、干什么"和"干什么、学什么",真正体现岗位特色要求的"知识—能力—素质"结构一体化教育过程。

英国"三明治式"航海类专业人才培养模式对许多国家的航海类专业教育产生较大影响,新加坡航海类专业人才培养分为三个阶段:第一阶段,学生在学校进行专业基础知识的学习及上船前的培训;第二阶段,学生进入航运企业,进行不少 12 个月的航行实习,在此期间,学生可掌握部分航海技能;第三阶段为专业课系统学习阶段,学生重新回到学校,完成专业课程的学习,并考取船员适任证书。挪威实行"2 + 2 + 2"的航海类专业教学模式。学生入学后,先在中等职业学校学习 2 年的理论知识,然后进入航运企业进行 2 年的航行实习,最后再选择合适的航海职业院校继续学习 2 年,最终取得操作级船员的适任证书。澳大利亚航海类专业整体教学计划分为两个阶段:第一阶段,学生首先在学校接受包括救生、消防、精通急救和精通救生艇筏等基本技能的培训,培训结束后学生须上船进行 12 个月的航行实习;第二阶段,学生回到学校进行 33 周的专业理论知识的学习,并考取船员适任证书。

(二) "三明治式"人才培养模式在我国的发展状况

当前我国航海类专业人才培养模式主要是一贯制培养,学生通过连续三年半或两年半的校内理论和实践学习,修完所需课程后,可参加国家海事局组织的考试,获得正式适任证书,然后再去签约的航运企业进行 6 个月的航行实习,完成实习报告及毕业论文,便可获得相应学历、学位证书。在航运企业累计航行实习 12 个月,毕业生便可向国家海事局申请,换取三副或三管轮适任证书。这种教学模式以在航海院校教育为主,更注重学生理论知识的学习,学生毕业后职业选择空间也相对较大。但是由于企业参与较少,学生在校期间难以获得海上实践训练机会,这使得学生的实践技能、综合应用能力、紧急应变能力和英语听说能力均存在较大欠缺,导致国际航运企业对我国船员的认可度有待增强。

为提高我国航海类专业毕业生的就业质量,国内少数航海类院校也探索尝试开展"三明治式"教育模式。我国航海类专业"三明治式"人才培养模式一般分为三个阶段:

第一阶段为学生入学的第一学期到第三学期,以基本理论知识学习及上船前的基本培训为主。在这一阶段,学生进行公共基础课、专业基础课以及部分专业课程的学习,同时按照 STCW 公约和《中华人民共和国海船船员适任考试、评估和发证规则》要求完成海船船员培训合格证和机工、水手实习证书要求的上船前的基本技能培训。学生通过第一阶段的学习,可考取国家海事局颁发的海船船员培训合格证和机工、水手实习证书。

第二阶段为学生入学的第四学期,学生在实习船舶上完成顶岗实习。在这一阶段,学生、学校及航运企业共同签订"航海类学生跟岗实习协议",学生到实习船舶进行顶岗实习,航运企业负责对学生实习过程的监督并给出实习结果评定。学生实习期间,相关航运企业、实习船舶、学校建立通畅的沟通渠道,以便及时反馈学生实习的动态,确保学生及时上船、安全在船工作及按时下船回校报到。学校、航运企业会重点关注学生的实习过程,及时解答学生在实习工作中遇到的问题,密切关注学生实习期间的身心健康。顶岗实习期间的航行资历,在学生毕业上船工作后,可累加算入换取适任证书所需的实船资历。

第三阶段为学生入学的第五学期和第六学期,学生返回学校继续进行专业课的理论学习及适任证书的评估训练,并参加国家海事局组织的适任证书考试。通过第二阶段的船舶顶岗实习,学生对船舶会有一定的了解,在理论学习时更容易接受相关的专业知识,能够做到理论联系实际。

目前,"三明治式"人才培养模式在我国航海类院校中并没有大面积实施,问题的关键点在于"实习船"。现在国内航海类院校解决实习船有三种方式,分别是"自建实习船""共建实习船"和"共享实习船"。大连海事大学、上海海事大学等实力雄厚的本科类院校采取"自建实习船"的方式解决学生上船实习问题,但是船舶日常管理及运营成本过高,普通院校很难自建实习船;江苏航运职业技术学院等名牌航海类职业院校采取"共建实习船"的方式,即学校出一部分资金支援地方航运企业造船,这部分资金用于造船过程中的设备升级,以及建造学生实习驻舱,选择资助的船舶多为航线固定的内贸船舶,这样便于学生换班实习。可以说"共建实习船"是一种相对比较科学合理的方式,但是对于一些综合类院校的航海类专业和一些中等职业教育的航海类院校来说动辄千万的投资依然难以承受;第三种方式是"共享实习船",以区域为单位结成"航海教育联盟",采取"集资共建"和"集资租用"的方式,企业、院校共享实习船,但由于同类院校之间自然存在竞争关系,另外船舶所属权责不清等问题也比较突出,所以"共享实习船"现阶段比较难以施行。

以上三种方式都有一定的弊端,对于普通航海类院校想解决"上船实习"问题最好的方式是加强"校企合作","校企合作"能够成功的关键是抓住学校、学生、企业三家的"需求与痛点"。学校最大的需求是希望培养更优秀的航海类人才,痛点是学生"上船实习"无门;企业最大的需求是希望获取忠诚度高、知识技能优秀的人才,痛点是学校培养的学生并不是针对某特定企业,缺乏针对性,学生上岗适应周期长;学生最大的需求是在校期间能够了解船员岗位特性,为日后就业选择作出依据,在校期间能够上船实习,缩短正式实习周期,最大的痛点也是"上船实习"无门。三方的需求与痛点恰好能够一拍即合,企业可以选择优秀在校生到自家船舶进行实习,一方面可以使学生熟悉自家船舶的设备特性,另一方面可以向学生传递企业文化,学生可以了解岗位特性、缩短换证时间、增强岗位能力,学校可以提升人才培养质量。

但是,我国航海类专业当前校企合作还存在以下问题:一是航运企业出于实习生安全及节约成本的考虑,不太愿意接纳实习生上船工作,即便接纳实习生上船,由于没有明确对船上"师傅"承担指导学生工作的待遇标准,"师傅"的积极性并不高;二是有限的船上实习岗位在数量上不能满足我国航海类院校学生的实习需求;三是我国大部分船务公司自有船舶的数量很少,主要业务是为船东派遣配备船员队伍,而船员就业基本上直接面对的是船务公司而非船东,在具体落实船员上船实习时船务公司需与船东协调,加大了落实上船实习的难度;四是实习生上船实习的时间期限与在校培养的时间规划很难统一,学校希望按照教学计划在规定的时间上船、下船,但船舶在海上航行,不能保证按照学校的希望时间靠岸,即便能够靠岸,实习生来往靠岸地点的交通等相关费用也很难落实,学校、企业及学生都很难提供这部分费用。

解决学生实习问题一方面对于用人单位须切实调动船务公司及船东发挥职业教育的主体作用,切实落实国家对学生实习企业在税收等方面的政策,以鼓励其接纳学生实习的积极性。另一方面,学校的教育教学也需做出适当调整,以适应学生上船下船时间不确定、难统一的状况,还要主动创新以航运企业的合作机制,减少企业接受实习生的顾虑、落实船上指导教师的待遇,以及承担部分学生往来上下船地点的部分交通费用等。

综上,我国实施"三明治式"培养模式的核心在于航运企业参与的实践教学环节,由于航运业所特有的国防性、高投入、高科技、高风险的特点,学校在选择航运企业时,应十分谨慎,着重关注航运企业的业务规模、管理制度、企业文化,确保为"三明治式"培养模式的学生提供环境优越的实习船舶。作为船员大国,我国船员在国际劳务市场上有很大的发展空间,为此,我国应不断开拓创新航海教育模式,培养满足国际公约和国际航运企业需求的高级船员。

二、我国航海类专业人才培养模式的创新与探索

随着我国职业教育"产教融合"的深入贯彻落实,以及"中国特色高水平高职学校和专业建设计划""提质培优行动计划"等举措的实施,部分院校对航海类专业人才培养模式进行了大量的探索实践。研究发现,我国对航海类专业人才培养模式的探索,都是基于国家倡导的"产教融合、校企合作"技术技能人才培养要求,目的还是为了培养学生的实践能力及职业素养,只不过在实现形式上较为多元化。大部分院校参考"三明治式"人才培养模式施行校内教学和现场教学交替、递进的人才培养方法,只不过在具体操作方面有所差别。部分院校在"三明治式"人才培养模式的基础上,进一步深化、探索施行中国特色现代学徒制等形式,推进了校企合作的深度以及合作内容的拓展。

部分院校结合学校实际对航海类专业人才培养模式进行了探索实践,建立、施行了有别

于"三明治式"人才培养模式的同样比较具有可行性和科学性的航海类专业人才培养模式，值得国内同类院校参考借鉴。在此介绍江苏航运职业技术学院(原南通航运职业技术学院)探索实施的"海上教学工厂"的校企合作育人模式，此模式能够体现当前国家对于职业教育相关指导文件的精神，并且比较具有典型性。

"海上教学工厂"又称生产性教学船，是以提高航海类人才培养质量为目标，通过校企合作共同建设的融"生产、教学、科研"于一体的海上实践基地，其在满足企业日常生产的同时给学生提供实际的工作环境，同时领队教师与经验丰富的船员合作进行研究，其成果可以应用于学校教学活动。

"海上教学工厂"创设了良好的学习、实训环境。航海类专业学生在学校内学到的大部分是理论知识和基本技能，即使是实训课上的实操训练与在实体船上工作也有一定的差距，至少不能开展整个船体的、全方位的训练。另外，船上发生的故障是不定的、随机的，不是预先设定的，所处的环境是真实的，学生面对的至少是相对先进、自动化程度较高的船舶。这些都凸显了实施"海上教学工厂"育人模式的优势，通过"海上教学工厂"培养的学生能够做到与企业的需求无缝对接。

"海上教学工厂"可用于维持企业的正常运行。"海上教学工厂"的主要功能是满足人们生产和生活的需要，是能航行或停泊在水域中进行运输或作业任务的交通工具，教学只是它的一个功能。"海上教学工厂"在保证完成安全运输和作业任务的前提下，为学生提供实际操作的场所和设备。在指导教师带领和企业师傅指导下，学生不仅要完成常规的日常检查和维保工作，还要处理各种随机发生、错综复杂的船舶故障。

"海上教学工厂"能够实现学生技能培养与考证需求的有机结合。航海类技术专业以"海上教学工厂"为平台，深入研究"海上教学工厂"提供的训练项目和学习任务，依据船舶航行与生产作业流程，按照岗位职业能力需求，通过"精简、融合、重组、增设"的方式，重新构建基于"海上教学工厂"的既适于培养高技能人才，又满足 STCW 公约马尼拉修正案等相关国际海事公约法规的课程体系，使学员依次具备海船船员基本技能、适任某一岗位的技能、适任岗位综合能力，突出实践性与职业性，使航海类技术专业的课程组合、课程设置更具递进性，解决了航海类专业课程内容与职业标准脱节的问题，实现了"课证融通"。

航海类院校与企业合建教学船，以"海上教学工厂"的建设为平台，以打造校企互聘互兼的双师团队为抓手，建设"互惠互利"校企合作机制，形成了生产性教学船的教学保障体系，在经费筹措、先进技术应用、兼职教师聘用等方面，实现了校企的深度融合。

创新实施"双向四段"工学结合教学模式。在教学实践中，航海类专业实行"双向四段"的人才培养模式，以"海上教学工厂"为平台，以培养航海岗位适任能力为主线，以船舶生产作业过程中的工作任务为施教驱动，按照"航海基本职业素养(校内)→航海基本职业技能(实船)→航海专业技能(校内)→航海综合职业能力(实船)"双向交互、四段递进的方式进行人才培养，实现了"仿真情境+角色扮演"和"真实情境+角色扮演"的交替深化，不断增强学生的职业技能与岗位适任能力。采用随船教师和船员教师的双重教学，随船教师一般为在职校内教师，主要负责学生生活和安全方面的教学任务，船员教师为专业的兼职教师或"双师"型教师。

1.第一阶段为航海职业基本素养的培养。以职业规划为引导,以海员基本素质为框架,设置思想道德修养、大学英语、高等数学、机械基础和基本法律等13门通识课程和相应航海类专业的基本课程。这一阶段主要培养学生基本的航海素养,帮助学生获取国际海事组织(IMO)认可的《基本安全培训合格证书》等六项专业技能证书,使学生具备基本的航海基础知识和上船学习的资格,掌握航海的基础技术,使学生适应行业的要求规范。

2.第二阶段为专业实践能力的培养。根据教学任务安排,专业教师带领学生上船学习,学生在带队教师和企业师傅的"双重"指导下,掌握船舶生产作业的基本流程,熟悉船舶结构与设备及其基本的操作方法,体验船舶工作环境和航海生活。学生将已存有的理论知识带入船舶作业当中,深入学习船舶的建造原理,从而彻底掌握船舶的各方面基本技能。学生从陆地生活过渡到航海生活,体会新的生活环境,从而明确在不同环境中船舶所发生问题的不同解决方法,使学习得来的理论框架得以完善。

3.第三阶段为船员适任能力的培养。采用专业学习与仿真实训相结合的教学方法,学生将理论知识应用于实训操作过程中,在实训中加强理论知识的理解与掌握,在整个教学阶段以培养航海类专业能力为目标,在校采用模块化课程教学,使学生达到国际海事公约规定的海船船员适任要求,在校内有系统地、有计划地完成教学任务,具备航海类专业职业技能和基本职业素养。同时,充分利用校内的资源环境,最大程度地使学生在仿真环境中进行实训。另外,学生要充分利用校园书籍,充实自己的理论知识,通过STCW公约框架下的船员适任证书考试与评估。

4.第四阶段为航海综合能力的培养。在企业师傅的直接指导下,学生到"海上教学工厂"带薪顶岗实习,进行航海综合职业能力训练,获取海船船员适任证书。实船顶岗实习是丰富校内教学的一种形式,是学生脱离校园步入企业、适应新环境的过渡阶段。带薪顶岗实习不仅缓解了学生的生活压力,也增强了学生的学习动力。"双向四段"人才培养模式实现了"教学过程与生产过程"的对接,全面提高了学生的职业技能。

第七章　航海类专业人才培养方案制订的建议

专业人才培养方案是落实党和国家关于技术技能人才培养总体要求,组织开展教学活动、安排教学任务的指导性文件,是实施专业人才培养和开展质量评价的基本依据。全面梳理党和国家对航海类专业人才的素质要求,贯彻落实教育部、交通运输部等部门对高职教育、航海类专业教育的系列要求,针对行业企业调研、毕业生跟踪调研和在校生学情调研中发现的问题,根据《关于职业院校专业人才培养方案制订与实施工作的指导意见》,为高职院校研究制订新时代航海类专业人才培养方案提出以下建议。

一、专业人才培养方案的制订依据

1.《中华人民共和国职业教育法》
2.《国家职业教育改革实施方案》(国发〔2019〕4 号)
3.《关于职业院校专业人才培养方案制订与实施工作的指导意见》(教职成〔2019〕13 号)
4. 教育部等五部门关于印发《职业学校学生实习管理规定》(教职成〔2016〕3 号)
5. 教育部关于印发《高等学校课程思政建设指导纲要》的通知(教高〔2020〕3 号)
6. 教育部等六部门关于印发《职业学校校企合作促进办法》的通知(教职成〔2018〕1 号)
7.《中华人民共和国船员培训管理规则》(交通运输部令 2019 年第 5 号)
8.《<中华人民共和国船员培训管理规则>实施办法》(海船员〔2019〕340 号)
9.《海船船员培训大纲(2021 版)》(交办海〔2021〕49 号)

二、指导思想

1. 全面贯彻党的教育方针,坚持社会主义办学方向,贯彻落实党的二十大精神,以习近平新时代中国特色社会主义思想为指导,落实习近平总书记和党中央对新时代青年和高职教育的要求,以立德树人为根本,结合学校发展战略及实际,主动适应区域经济社会发展对高素质技术技能人才培养的要求,把培育和践行社会主义核心价值观融入教育教学全过程。

2. 坚持以区域经济与社会发展为依据,以供给侧结构性改革为契机,以产教融合、校企合作为主线,以培养多样化人才、传承技术技能、促进就业创业为导向,强化专业内涵建设。推进专业设置与产业需求对接、课程内容与职业标准对接、教学过程与生产过程对接、毕业证书与职业资格证书对接,以及职业教育与终身学习对接,构建科学的、具有鲜明特色的人才培养方案。

三、基本原则

1. 坚持育人为本,推动全面发展。落实立德树人根本任务,坚持将思想政治教育、职业道德和工匠精神培育融入人才培养全过程。注重学生文化素质、科学素养、综合职业能力培养,结合实习实训加强专业安全教育,把劳动教育和"爱国、进取、敬业、奉献"的中国船员精神教育纳入人才培养全过程,关注学生职业生涯和可持续发展需求,促进学生形成正确的世界观、人生观、价值观,培养学生德、智、体、美、劳全面发展。

2. 坚持标准引领,注重特色发展。以职业教育国家教学标准为参照,贯彻落实党和国家在有关课程设置、教育教学内容等方面的要求,对接国际公约要求及我国有关职业标准,服务地方和行业发展需求,结合院校实际制订高于标准、体现特色的专业人才培养方案。

3. 坚持专业调研,适应社会需求。深入行业、企业和毕业生中进行广泛专业调研,认真分析和研究经济社会发展新常态,认真调研产业背景、行业企业和学生职业发展需求,准确把握专业定位和发展方向,明晰专业人才培养目标和规格要求。根据高素质技术技能人才需要,创新人才培养模式,科学设计课程体系。

4. 坚持产教融合,强化校企合作。专业建设委员会主持专业人才培养方案的制订工作,将产教融合、校企合作落实到人才培养过程中,实现产教深度融合、校企协同育人,课程体系、教学内容紧跟行业发展,融入最新的行业标准、职业标准、技术研究开发成果及适任证书的知识技能要求,保证人才培养质量。

四、人才培养方案框架及内容要求

(一)专业名称及专业代码

专业名称及专业代码按教育部发布的《普通高等学校高等职业教育(专科)专业目录》(2021年版)填写。

(二)招生对象

根据院校招生学生类型确定,一般高职院校招收的是普通高中毕业生或中等职业学校毕业生。

(三)修业年限

高职院校航海类专业基本学制为3年。

(四)培养目标及培养规格

1. 培养目标

培养思想政治坚定,德智体美劳全面发展,适应××需求,具有××素质,掌握××等知识和技术技能,能够从事××(生产、建设、服务和管理)等工作,面向××领域、适应智能时代需要的高素质技术技能人才。

2. 培养规格

本专业毕业生应在素质结构、知识结构和能力结构等方面达到以下要求(需结合专业特点和职业面向提出有针对性的要求):

(1)素质结构

思想政治素质:具有正确的世界观、人生观、价值观。坚决拥护中国共产党领导,树立中国特色社会主义共同理想,践行社会主义核心价值观,具有深厚的爱国情感、国家认同感、中华民族自豪感。崇尚宪法、遵守法律、遵规守纪。具有社会责任感和参与意识。

文化素质:具有一定的美育知识、健康高雅的审美意识和人文素养,具有感受美、表现美、鉴赏美、创造美的能力;能够培养一两项艺术特长或爱好,陶冶情操,提升情趣。

职业素质:具有良好的职业道德和职业素养。遵纪守法、崇德向善、诚实守信、爱岗敬业,具有实事求是、独立思考、勇于创造的科学精神,严谨专注、敬业专业、精益求精、追求卓越的工匠精神和科技报国的家国情怀和使命担当;尊重劳动、热爱劳动,具有较强的实践能力;培养"爱国、进取、敬业、奉献"的船员职业精神、"服务""服从"意识、质量意识、绿色环保意识、安全意识、信息素养和创新精神;具有较强的集体意识和团队合作精神,能够进行有效的人际沟通和协作,与社会、自然和谐共处;具有职业生涯规划意识。

身心素质:达到《国家学生体质健康标准》,具有健康的体魄、心理和健全的人格;具有良好的行为习惯和自我管理能力,对工作、学习、生活中出现的挫折和压力,能够进行心理调适和情绪管理;掌握基本运动知识和一两项运动技能,通过运动享受乐趣、增强体质、健全人格、锤炼意志;养成良好的健身与卫生习惯。

(2)知识结构

专业知识:能够适任三副、三管轮岗位所需要的、满足国际公约要求及我国相关船员培养规范文件要求的专业知识。

人文社会知识:如文学、历史、哲学、艺术、法律等方面的知识等。

自然科学知识:如物理、化学、海洋科学知识等。

工具性知识:指从事专门性工作时必须要具备的基础知识,如与作业相关流程和程序等。

专业知识:结合培养目标、培养规格和行业特点提出要求。

(3)能力结构

通用能力:包括认知能力(学习能力、逻辑思考、信息加工、语言表达、文字写作、终身学习)、合作能力(自我管理、与人合作、交际沟通、道德准则、行为规范)、创新能力(创新人格、创新思维、创新实践)和通用职业能力(爱岗敬业、精益求精、知行合一、手脑并用)等方面能力和具有正确认识问题、分析问题和解决问题的能力,以及信息技术应用能力等。

专业技术技能:能够适任三副、三管轮岗位所需要的、满足国际公约要求及我国相关船员培养规范文件要求的岗位能力。

(五)职业面向

1.职业岗位类别

参考教育部相关专业标准及专业简介的相关文件要求,建议以表7-1,职业岗位类别的形式呈现。

表7-1 职业岗位类别

所属专业大类(代码)	所属专业类(代码)	对应行业(代码)	主要职业类别(代码)	主要岗位类别(或技术领域)	职业资格证书或技能等级证书举例

注:所属专业大类及所属专业类应依据现行专业目录;对应行业参照现行的《国民经济行业分类》;主要职业类别参照现行的《中华人民共和国职业分类大典》;根据行业企业调研,明确主要岗位类别(或技术领域);根据实际情况举例职业资格证书或技能等级证书。

2. 职业岗位能力分析

职业岗位能力分析见表7-2。

7-2　职业岗位能力分析

序号	职业岗位	职业能力	专业能力	对应课程

3. 专业就业岗位

(1)首岗就业岗位。

(2)拓展就业岗位。

(3)可发展就业岗位。

(六)课程设置说明及简介

1. 课程设置说明

课程属性主要包括公共基础课、专业基础课、专业课;课程性质分为必修课、限定选修课、选修课;课程类型包括理论课、理实一体课、实践课。实践课包括集中实践课、顶岗实习、毕业设计等。具体要求如下:

(1)课时及学分规定

教学总课时数原则上不低于2 500课时(经测算,航海技术和轮机工程技术的总课时在2 800左右),鼓励学生自主学习,公共基础课程学时应当不少于总学时的25%。选修课教学时数占总学时的比例均不少于10%。实践性教学课时(含理实一体课的课内实践和实践课课时)原则上不低于总课时的50%。毕业总学分不少于140学分。公共选修课学分不少于4学分,专业限选课学分不少于4学分,素质教育学分不少于27学分。一般16课时计为1学分;实践课每周30课时计为1学分。

周课时原则上为22~24课时,若因专业课程开设逻辑关系导致周课时增加,不得高于周28课时。鼓励将学生取得的行业企业认可度高的有关职业技能等级证书或已掌握的有关技术技能,按一定规则折算为学历教育相应学分。

(2)公共基础课安排

①必修课

思政类课程:依据2019年4月中共中央办公厅、国务院办公厅《关于深化新时代学校思想政治理论课改革创新的若干意见》、2020年12月中共中央宣传部、教育部关于印发《新时代学校思想政治理论课改革创新实施方案》(教材〔2020〕6号)文件规定,思想政治理论课设置3门必修课,共计8学分,152课时。

思政类课程安排如下:

思想道德与法治:48课时,3学分,考查。

树立马克思主义人生观、价值观、道德观、法治观，树立国家意识、法治意识、社会责任意识，明确社会主义核心价值观与社会主义法治建设的关系，筑牢理想信念之基，做社会主义核心价值观的坚定信仰者、积极传播者、模范践行者。传承中华传统美德，提升社会公德、职业道德、家庭美德、个人品德素养，弘扬中国精神，尊重和维护宪法法律权威，提升思想道德素质和法治素养。

毛泽东思想和中国特色社会主义理论体系概论：64 课时，4 学分，考查，其中 48 课时为理论课时，16 课时为实践课时。

学习掌握中国共产党把马克思主义基本原理同中国具体实际相结合产生的马克思主义中国化的两大理论成果，理解毛泽东思想、邓小平理论、"三个代表"重要思想、科学发展观、习近平新时代中国特色社会主义思想是一脉相承又与时俱进的科学体系，深刻理解中国共产党为什么能、马克思主义为什么行、中国特色社会主义为什么好，坚定"四个自信"。

形势与政策：每学期 8 课时，其中课内 4 课时、课外 4 课时列入素质教育课程，共计 1 学分，考查，共计 5 个学期 40 课时。

掌握党的理论创新最新成果，新时代坚持和发展中国特色社会主义生动实践，马克思主义形势观政策观、党的路线方针政策、基本国情、国内外形势及其热点难点问题，帮助学生准确理解当代中国马克思主义，深刻领会党和国家事业取得的历史性成就、面临的历史性机遇和挑战，引导大学生正确认识世界和中国发展大势，正确认识中国特色和国际比较，全面客观认识当代中国、看待外部世界，正确认识时代责任和历史使命，正确认识远大抱负和脚踏实地。

其他公共基础课程安排如下：

心理健康教育：32 课时，2 学分，考查。

围绕高职生容易出现的心理问题分别从心理健康基础知识、情绪调节、压力应对与管理、自我意识、人际交往、爱与被爱、学习、职业规划、健康运用网络、化解生命危机、心理疾病预防等方面进行因材施教。

职业生涯设计：16 课时，1 学分，考查。

帮助学生建立职业发展意识，使学生掌握职业生涯规划的基本理论和方法，提升学生就业能力和综合素质，引领学生主动思考、探索，正确认识自我，提高内在素养和品质，从而有效安排大学生活，合理规划未来发展。

就业指导：22 课时，1 学分，考查。

帮助学生学会合理规划自身学业、职业目标，掌握求职的方法和技巧，树立正确的择业心理，提高就业能力，培养创业意识，建立科学的择业观。

体育与健康：总课时为 108 课时。其中课内 66 课时，2 学分，考查。课外 42 课时列入素质教育课程，达到体质健康测试标准。

军事理论：24 课时，1.5 学分，考查。

以国防教育为主线，通过军事课教学，使大学生掌握基本军事理论与军事技能，达到增强国防观念和国家安全意识，强化爱国主义、集体主义观念，加强组织纪律性，促进大学生综合素质的提高。

创新创业:32 课时,2 学分,考查。

积极宣传国家和地方促进创业的政策、措施,宣传毕业生自主创业的先进典型,引导学生树立科学的创业观、就业观、成才观。强化学生实践能力培养,培养学生的创新精神和创业意识,激发学生的创业热情,提高大学生的创业、就业能力。

中华传统文化:32 课时,2 学分,考查。

以"立德树人,文化自信"为总纲,以政治认同、家国情怀、文化素质、道德修养、心灵智慧、襟抱品格为思政核心内容,以热爱为主线,培养学生爱党、爱社会、爱祖国、爱人类、爱文化的情怀,以培养学生对宇宙自然人生万物之关怀的心灵和担当民族复兴大任的使命意识为终极奋斗目标,培养学生讲仁爱、重民本、守诚信、崇正义、尚和合、求大同的思想理念和自强不息、敬业乐群、扶正扬善、扶危济困、见义勇为、孝老爱亲的传统美德,把学生培养成为一个有大境界、大格局、大胸襟和大志向的"至善至美"的人,进而增强其文化自信和民族自信。

应用文写作:32 课时,2 学分,考查。

基于真实案例的写作活动,通过若干生活和职场中常见文种的知识学习和写作实践,切实提高学生应用写作能力,提升学生人文素养和职业素养,增强其职业核心竞争力,培育学生诚信的优良品质和精益求精的工匠精神,提升学生思想认识水平,引导学生树立正确思想观和价值观。对学生职业能力培养和职业素质养成起到奠基作用。

信息化办公与人工智能基础:60 课时,4 学分,考试。

使学生熟练掌握计算机基础知识及办公软件的操作,并能够从应用的角度了解人工智能、大数据、云计算相关技术,并从应用场景中了解什么是人工智能,以及人工智能的核心技术及其应用和发展趋势。

实用英语:150 课时,10 学分,考试,考查。

以满足学生"夯实语言基础、锤炼实用能力、提高人文素养"新时代技术技能人才的需求,突出"实用为主,文化导入、技能提升"特色,运用微课、动画、课件、美文、习题等多种载体构成立体化、实用型、具有趣味性的学习资源体系,提高学习者的英语听、说、读、写基本应用能力、交际交流能力、自主学习能力和可持续发展能力。

高等数学: 60 课时,4 学分,考试。

学生通过学习函数、极限与连续;导数与微分;中值定理与导数的应用;不定积分;定积分等方面的基本概念、基本理论和基本运算技能,为学习后继课程和进一步获得数学知识奠定必要的数学基础。同时,学生通过各个学习环节逐步掌握抽象思维能力、逻辑推理能力、空间想象能力、分析问题解决问题能力及信息化学习能力。

②选修课

开设党史国史、国家安全教育、社会责任、公共艺术、健康教育、美育、节能减排、绿色环保、金融知识、人口资源、海洋科学、管理等人文素养、科学素养等方面课程,每名学生至少修满 4 学分。

(3)专业基础课、专业课安排

①设置 5~8 门专业核心课程。

②顶岗实习累计时间原则上为 6 个月,其中列入第 6 学期的顶岗实习至少 16 周,480 课时。除军训和毕业顶岗实习外,实践课不少于 8 周。

③专业限选课根据专业实际情况开设,原则上不少于 4 门,按 2 选 1 的比例选修。

(4)创新创业教育安排

全校统一开设 1 门创新创业教育公共必修课,32 课时,2 学分。学生可选修学校开设的其他实践性创新创业教育选修课程。

(5)素质教育安排

①学生素质教育学分包括第一课堂和第二课堂两类,涵盖 6 个模块、26 项课程内容。其中公共素质课模块由教务处负责设立,行为道德修养、学习能力提升、社会能力提升、技能技术创新、人文素质拓展 5 个模块由大学生素质教育中心设立。

②学生必须参加相应课程并获得相应学分,素质教育学分达到规定的学生,学校为其颁发毕业证书。

③学生在校期间应取得的最低素质教育学分为 27 分。其中,公共素质课模块应取得的最低学分为 11 分;行为道德修养模块应取得的最低学分为 6.5 分;学习能力提升模块应取得的最低学分为 1 分;社会能力提升模块应取得的最低学分为 1 分;技能技术创新模块应取得的最低学分为 1 分;人文素质拓展模块应取得的最低学分为 1.5 分;自主选修应取得的最低学分为 5 分。

(6)课程考核

课程考核分考试和考查两种形式,公共课考核方式由学校统一安排。专业课考核方式要基于课程性质和课程特点确定,每学期考试课为 3~5 门。

2.课程简介

各专业按照专业教学标准列出不低于 10 门的主要课程,并进行简要描述,课程简要描述包括:课程目标、课程主要教学内容和学习程度要求。各专业要将课程思政要素融入课程简介中。

(七)课时及进度安排

1.学年编制表。

2.课堂教学安排。

3.实践教学安排。

4.素质教育安排。

(八)实施保障

1.师资队伍

满足《<中华人民共和国船员培训管理规则>实施办法》(海船员〔2019〕340 号)中附件 6.《船员培训教学人员配备标准》中相关培训项目要求的师资配备标准,一般高职院校开设无线航区三副、三管轮、值班水手、值班机工等培训项目。

2.实践教学条件

满足《<中华人民共和国船员培训管理规则>实施办法》(海船员〔2019〕340 号)中附件

4.《船员培训项目场地、设施设备配置标准》中无线航区三副、三管轮、值班水手、值班机工的场地、设施设备配置标准。

3. 教学资源

教学资源主要包括能够满足学生专业学习、教师专业教学研究和教学实施需要的教材、图书及数字化教学资源等。

(1)教材选用基本要求

按照国家规定选用优质教材,禁止不合格的教材进入课堂。应建立由专业教师、行业专家和教研人员等参与的教材选用机构,完善教材选用制度,经过规范程序择优选用教材。

(2)图书文献配备基本要求

按照《中华人民共和国船员培训管理规则》(交通运输部令 2019 年第 5 号)《<中华人民共和国船员培训管理规则>实施办法》(海船员〔2019〕340 号)的规定,开展航海类专业教育需配备开展船员教育培训所需的"法规、技术资料",并能够方便师生查询、借阅。

"法规、技术资料"的具体内容并没有具体要求,附录三根据工作实际提供"法规、技术资料"的文件目录,供参考。

(3)数字资源配备基本要求

建设和配置与本专业有关的音视频素材、教学课件、数字化教学案例库、虚拟仿真软件、数字教材等专业教学资源库,种类丰富、形式多样、使用便捷、动态更新、满足教学。

4. 教学方法

5. 学习评价

6. 质量管理

(九)毕业要求

学生修完专业人才培养方案所规定的课程,修满××学分(其中必修课××学分,选修课××学分),并按照学校要求完成素质教育学分,达到本专业人才培养目标和培养规格的要求方可毕业。

第八章 航海技术和轮机工程技术专业人才培养方案实例

一、航海技术专业人才培养方案实例

航海技术专业人才培养方案

一、专业名称及代码

专业名称:航海技术。

专业代码 :500301。

二、招生对象

普通高中毕业生、中等职业学校毕业生。

三、修业年限

基本学制为 3 年。

四、培养目标及培养规格

(一)培养目标

培养理想信念坚定、德智体美劳全面发展、适应信息化航海需要、具有一定科学文化水平、良好的人文素养、崇高职业道德和创新意识、精益求精的工匠精神、较强的就业能力和可持续发展能力、爱国、进取、敬业、奉献的海员,使其掌握思想政治理论、科学文化基础、中华优秀传统文化、专业相关法律法规、环境保护、港航企业生产管理及安全、船舶及航行安全、水上货物运输、船舶及人员管理等知识和技术技能,能够从事船舶驾驶、船舶引航、港航服务管理等工作,面向水上运输业的船舶指挥、引航、服务等领域、适应智能时代需要的高素质技术技能人才。

(二)培养规格(除以下"专业知识""专业技术技能"外,参见"第七章 航海类专业人才培养方案制订的建议"中的相关内容)

1. 素质结构

2. 知识结构

专业知识:熟悉与本专业相关的法律法规,以及环境保护、安全消防、文明生产等相关知识;掌握基本安全、救生艇筏、船舶消防、急救、保安等船员必备知识;掌握船舶定位与导航、航海气象、船舶操纵、船舶值班与避碰、航海仪器使用等航行方面的知识;掌握船舶货物运输、装卸、积载等方面的知识;掌握船舶作业与人员管理方面的知识;掌握船舶通信业务及通信设备维护方面的知识;熟悉船舶相关国际、国内法规和公约相关知识;掌握港航企业生产管理相关知识;熟悉环境保护,特别是海洋环境保护相关知识。

3. 能力结构

专业技术技能:具有良好的语言、文字表达能力和沟通能力;具有本专业必需的信息技术应用和维护能力;具有船舶保安意识,熟悉保安职责,能维护和保养保安设备,并能在遇到威胁时采取妥善的保安措施;能够正确使用电子海图、航海雷达、北斗导航系统或 GPS、

AIS、罗经、VDR、LRIT、测深仪、计程仪等航海仪器设备获取相关信息,为船舶安全航行提供保障;能够根据船舶和气象水文要素拟定船舶航线,能够采用适当方法进行定位并正确引导船舶航行;能够根据避碰规则和本船特点,进行船舶操纵与避碰,并进行有效的驾驶台资源管理;能够根据货物特点,制定合适的货物积载与系固方案,并能够按照方案进行装卸货作业;能够熟练操作 GMDSS 设备,并能根据需要进行遇险、紧急、安全和常规通信;能够对船上各种航海仪器、通导设备进行检查和保养。

五、职业面向

(一)职业岗位类别

职业岗位类别见表8-1。

表8-1 职业岗位类别

所属专业大类(代码)	所属专业类(代码)	对应行业(代码)	主要职业类别(代码)	主要岗位类别(或技术领域)	职业资格证书或技能等级证书举例
交通运输大类(50)	水上运输类(5003)	水上运输业(55)	(1)船舶指挥和引航人员(2-04-02) (2)水上运输设备操作人员及有关人员(6-30-04) (3)水上运输服务人员(4-02-03) (4)船舶、民用航空器修理人员(6-31-02)	(1)甲板部技术人员—船舶驾驶员、引航员 (2)船舶甲板设备操作工—值班水手 (3)游轮乘务员 (4)船舶修理工 (5)船舶业务员/港航企业服务人员	(1)500 总吨及以上船舶三副适任证书 (2)500 总吨及以上船舶值班水手适任证书 (3)GMDSS 通用操作员证书 (4)基本安全培训合格证 (5)精通救生艇筏和救助艇培训合格证 (6)高级消防培训合格证 (7)精通急救培训合格证 (8)保安意识培训合格证 (9)负有指定保安职责船员培训合格证

(二)职业岗位能力分析

职业岗位能力分析见表8-2。

表8-2 职业岗位能力分析

序号	职业岗位	职业能力	专业能力	对应课程
1	甲板部技术人员—船舶驾驶员、引航员(2-04-02-1)	(1)能够用英语进行沟通交流 (2)能够读懂英文图书、资料和信函 (3)能够用英文进行航海日志、各类文件记录	(1)能够用英语进行现场业务沟通交流 (2)能够阅读英版航海图书资料 (3)能够理解国际公约法规 (4)能够用英文撰写各类工作日志、业务函件及报告 (5)能够听懂并执行英文工作指令	(1)航海英语 (2)航海英语听力与会话

表 8-2(续 1)

序号	职业岗位	职业能力	专业能力	对应课程
1	甲板部技术人员—船舶驾驶员、引航员（2-04-02-1）	(1)能够利用良好的船艺安全操纵船舶 (2)能够利用助航仪器为船舶提供导航 (3)具备船舶航行、锚泊安全保障能力 (4)具备船舶应急处置能力	(1)能够利用导航仪器进行船舶定位 (2)能够为船舶提供导航 (3)能够安全完成航线规划和制订 (4)能够熟练应用航海仪器 (5)能够掌握风、流等外力，以及受限水域等因素对船舶操纵的影响 (6)能够运用良好的船艺 (7)能够掌握船舶操纵性能并进行应用 (8)能够进行应急条件下的操船 (9)能够安全进行船舶避碰	(1)航海学—航法 (2)航海学—航线 (3)航海学—天文 (4)电子海图显示与信息系统 (5)雷达操作与应用 (6)航线设计 (7)航海仪器 (8)驾驶台资源管理 (9)船舶操纵 (10)船舶值班与避碰
		(1)能够进行气象要素的观测和记录 (2)能够分析气象信息，判断天气形势 (3)能够获取和应用气象信息，并为船舶提供气象导航	(1)能够观测和分析气象及水文状况 (2)能够进行船舶气象信息的获取 (3)能够分析及应用气象信息 (4)能够应对气象条件对航海及货运的影响 (5)能够针对气象及海况合理规划安全航线	(1)航海气象与海洋学 (2)航海学—地文 (3)船舶结构与设备 (4)航海英语 (5)航海仪器
		(1)具备船舶、货物及人员安全管理能力 (2)能够充分利用船舶载货能力 (3)能够应用各种货物性质、运输相关国际公约和国内法规	(4)能够保证船舶具有适度的稳性、吃水差和强度 (5)能够编制船舶货物配积载图 (6)能够进行货物单元的积载与系固 (7)能够保证货物运输质量 (8)能够保证航行、靠泊、装卸货安全 (9)能够进行日常工作中人员及船舶的安全管理	(1)船舶结构与设备 (2)海上货物运输 (3)货物积载与系固 (4)航海气象与海洋学 (5)船舶管理 (6)航海技能训练 (7)保安意识与职责

表8-2(续2)

序号	职业岗位	职业能力	专业能力	对应课程
		(1)具备船舶甲板设备操作、维护和保养能力 (2)具备船舶通信导航、安全设备的操作、检查和维护保养能力 (3)能够制订船舶甲板设备的维护保养计划	(1)能够进行锚设备、起货设备、系泊设备等船舶甲板设备的使用、管理、维护和保养 (2)能够进行通信导航设备的检查、维护和保养 (3)能够进行救生、消防、保安、GMDSS等安全设备的操作、维护和保养 (4)能够进行船舶防污染设备的操作、检查、维护和保养	(1)船舶结构与设备 (2)航海实用技能拓展 (3)值班水手培训 (4)航海技能训练 (5)船舶管理 (6)GMDSS概论
		(1)具备海上安全、常规通信能力 (2)具备信息化航海要求的信息技术应用能力 (3)具备终身学习能力,具备分析和解决问题能力	(1)能够进行船舶常规及紧急通信 (2)能够利用电子海图显示与信息系统、导航雷达、定位等设备保证航行安全 (3)能够通过网络等信息技术手段保证航海参考资料更新和正确应用	(1)GMDSS概论 (2)航海仪器 (3)航海学—航法 (4)航海学—航线 (5)电子海图显示与信息系统 (6)船舶管理
2	船舶甲板设备操作工—值班水手(6-30-04-01)	(1)能够利用良好的船艺安全操纵船舶 (2)能够利用助航仪器为船舶提供导航 (3)具备船舶航行、锚泊、靠离泊安全保障能力	(1)具备船舶应急处置能力 (2)能够利用导航仪器为船舶提供定位、导航 (3)能够熟练应用航海仪器 (4)能够掌握风、流等外力,以及受限水域等因素对船舶操纵的影响 (5)能够运用良好船艺操纵船舶 (6)能够掌握船舶操纵性能并进行应用 (7)能够进行应急条件下的操船 (8)能够安全进行船舶避碰	(1)航海学—航法 (2)航海学—航线 (3)航海学—天文 (4)电子海图显示与信息系统 (5)雷达操作与应用 (6)航海仪器 (7)驾驶台资源管理 (8)船舶操纵 (9)船舶值班与避碰

表 8-2(续 3)

序号	职业岗位	职业能力	专业能力	对应课程
		(1)具备船舶甲板设备操作、维护和保养能力 (2)具备船舶安全设备的操作、检查和维护保养能力 (3)能够制订船舶甲板设备维护保养计划 (4)具备船舶维护保养能力	(1)能够进行锚设备、起货设备、系泊设备等船舶甲板设备的使用、维护和保养 (2)能够进行救生、消防等安全设备的操作、维护和保养 (3)能够进行船舶防污染设备的操作、检查、维护和保养 (4)能够对船舶货舱设备进行操作、检查和保养 (5)能够对船舶维护保养设备进行操作、检查和保养 (6)能够掌握各种类船舶结构特点 (7)能够根据不同船舶特点进行船体保养	(1)船舶结构与设备 (2)航海实用技能拓展 (3)水手值班 (4)值班水手培训 (5)船舶管理 (6)GMDSS 概论
		(1)能够用英语进行沟通交流 (2)能够看懂英文标识和说明	(1)能够进行现场业务沟通交流 (2)能够熟练使用船舶结构、设备、业务用语 (3)能够听懂并执行英文工作指令	(1)航海英语 (2)航海英语听力与会话
		(1)具备船舶及货物安全管理能力 (2)能够充分利用船舶载货能力 (3)能够了解各种货物的性质和运输特性	(1)能够识别船舶货物配积载图 (2)能够监督货物单元的积载与系固 (3)能够协助保证货物运输质量 (4)能够协助船舶安全航行、靠离泊、装卸货 (5)能够协助做好日常工作中人员的安全管理	(1)船舶结构与设备 (2)海上货物运输 (3)货物积载与系固 (4)船舶管理 (5)航海技能训练 (6)保安意识与职责
3	水上运输服务人—游轮乘务员(4-02-03-02)	(1)能够用英语进行沟通交流 (2)能够看懂英文标识和说明	(1)能够进行现场业务沟通交流 (2)能够理解设备英文操作说明、英文标牌指示等	(1)航海英语 (2)航海英语听力与会话

表 8-2(续 4)

序号	职业岗位	职业能力	专业能力	对应课程
		(1)具备较强的沟通及交流能力 (2)具备人员密集场所的人员管理能力 (3)具备人员密集场所的设备操作能力	(1)能够进行各种现场及环境中的人员沟通 (2)能够进行紧急情况下的人员疏散 (3)能够进行安全设备及场所的人员管理	(1)船舶管理 (2)航海技能训练 (3)船舶结构与设备 (4)值班水手培训
		(1)具备船舶旅客登船设备操作能力 (2)具备船舶救生设备操作能力 (3)具备船舶消防设备操作能力 (4)具备船舶公共通信设备操作能力	(1)能够熟练操作船舶舷梯、升降机 (2)能够熟练操作客舱和船员起居处所的救生和消防设备 (3)能够熟练操作公共广播及报警设备 (4)能够对防火门、水密门、救生消防设备等安全设备进行操作和管理	(1)船舶结构与设备 (2)航海实用技能拓展 (3)值班水手培训 (4)水手值班 (5)航海技能训练
4	船舶修理工—船舶设备调试员 (6-31-02-01)	(1)具备船舶甲板设备操作、维护和保养能力 (2)具备船舶通信导航、安全设备的操作、检查和维护保养能力 (3)能够制订船舶安全设备的维护保养程序	(1)能够进行锚设备、起货设备、系泊设备等船舶甲板设备的使用、管理、维护和保养 (2)能够进行通信导航设备的检查、维护和保养 (3)能够进行救生、消防、保安、GMDSS等安全设备的操作、维护和保养 (4)能够进行船舶防污染设备的操作、检查、维护和保养	(1)船舶结构与设备 (2)航海实用技能拓展 (3)值班水手培训 (4)航海仪器 (5)GMDSS概论 (6)船舶管理
		(1)具备船舶维护保养能力 (2)能够制订船舶甲板设备维护保养计划 (3)能够进行船体保养 (4)具备船舶检验能力	(1)能够掌握各种类船舶结构的特点 (2)能够根据不同船舶的特点进行船体保养 (3)能够对船舶甲板设备进行检验 (4)能够对船舶通信、导航设备进行检验	(1)船舶结构与设备 (2)航海实用技能拓展 (3)值班水手培训 (4)船舶管理 (5)航海仪器

表 8-2(续 5)

序号	职业岗位	职业能力	专业能力	对应课程
		(1)能够用英语进行沟通交流 (2)能够看懂英文标识和说明 (3)能够用英文进行各类文件记录	(1)能够进行现场业务沟通交流 (2)能够熟练应用船舶结构、设备和业务用语 (3)能够听懂并执行英文工作指令	(1)航海英语 (2)航海英语听力与会话
		(1)能够利用良好船艺安全操纵船舶 (2)能够利用助航仪器为船舶提供导航 (3)具备船舶航行安全保障能力 (4)具备船舶应急处置能力	(1)能够进行船舶定位 (2)能够掌握风、流等外力，以及受限水域等因素对船舶操纵的影响 (3)能够应用船舶操纵性能 (4)能够熟练使用、调试船舶导航仪器	(1)航海学—地文 (2)航海学—航法 (3)船舶操纵 (4)船舶值班与避碰 (5)驾驶台资源管理 (6)航海仪器 (7)电子海图显示与信息系统 (8)雷达操作与应用
5	水上运输服务人员—港口服务人员(4-02-03-02)	(1)具备较强的沟通及交流能力 (2)具备人员密集场所的人员管理能力 (3)具备人员密集场所的设备操作能力	(1)能够进行各种现场及环境中的人员沟通 (2)能够进行紧急情况下的人员疏散 (3)能够进行安全设备及场所的人员管理	(1)船舶结构与设备 (2)航海实用技能拓展 (3)值班水手培训 (4)船舶管理 (5)航海技能训练
		(1)具备船舶旅客登船设备操作能力 (2)具备船舶救生设备操作能力 (3)具备船舶消防设备操作能力 (4)具备船舶公共通信设备操作能力	(1)能够熟练操作码头舷梯、升降机 (2)能够协助船舶完成靠离泊作业 (3)能够熟练操作公共广播及报警设备 (4)能够对防火门、救生消防设备等安全设备进行操作和管理	(1)船舶结构与设备 (2)航海实用技能拓展 (3)值班水手培训 (4)船舶管理
		(1)能够用英语进行沟通交流 (2)能够看懂英文标识和说明	(1)能够用英语进行现场业务沟通交流 (2)能够掌握船舶结构、设备和业务用语	(1)航海英语 (2)航海英语听力与会话

表 8-2(续6)

序号	职业岗位	职业能力	专业能力	对应课程
		(1)具备船舶、货物及人员安全管理能力 (2)能够充分利用船舶载货能力 (3)能够应用各种货物性质、运输相关国际公约和国内法规	(1)能够识别船舶货物配积载图 (2)能够监督货物单元的积载与系固 (3)能够保证货物运输质量 (4)能够进行靠泊、装卸货和日常工作中人员的安全管理	(1)船舶结构与设备 (2)海上货物运输 (3)货物积载与系固 (4)船舶管理 (5)航海技能训练 (6)保安意识与职责
6	水上运输服务人员—船舶业务员/海事管理人员(4-02-03-02)	(1)能够用英语进行沟通交流 (2)能够读懂英文图书、资料和信函 (3)能够用英文进行各类文件记录	(1)能够进行现场业务沟通交流 (2)能够理解设备英文操作说明、英文标牌指示等 (3)能够用英文撰写各类工作日志、业务函件及报告 (4)能够听懂并执行英文工作指令	(1)航海英语 (2)航海英语听力与会话
		(1)具备船舶甲板设备操作、维护和保养能力 (2)具备船舶通信导航、安全设备的操作、检查和维护保养能力 (3)能够制订船舶安全设备的维护保养计划	(1)能够进行锚设备、起货设备、系泊设备等船舶甲板设备的使用、管理、维护和保养 (2)能够进行通信导航设备的检查、维护和保养 (3)能够进行救生、消防、保安、GMDSS等安全设备的操作、维护和保养 (4)能够进行船舶防污染设备的操作、检查、维护和保养	(1)船舶结构与设备 (2)航海实用技能拓展 (3)值班水手培训 (4)船舶管理
		(1)具备国际国内公约和法规应用能力 (2)具备安全管理体系运行能力 (3)具备终身学习能力 (4)具备分析和解决问题能力	(1)能够阅读航海图书资料、理解国际公约法规 (2)能够用英语撰写业务函件及报告 (3)能够运行管理公司质量管理体系文件 (4)能够根据新法规制订或修改管理制度、体系文件	(1)船舶管理 (2)航海英语 (3)航海学—航法 (4)船舶值班与避碰
		(1)具备船舶、货物及人员安全管理能力 (2)能够充分利用船舶载货能力 (3)能够应用各种货物性质、运输相关国际公约和国内法规	(1)能够识别船舶货物配积载图 (2)能够监督货物单元的积载与系固 (3)能够保证货物运输质量 (4)能够进行靠泊、装卸货和日常工作中人员的安全管理	(1)船舶结构与设备 (2)海上货物运输 (3)货物积载与系固 (4)船舶管理 (5)航海技能训练 (6)保安意识与职责

(三)专业就业岗位

1. 首岗就业岗位

(1)船舶驾驶员(三副)。

(2)值班水手。

(3)海事管理人员。

2. 可发展就业岗位

(1)船长。

(2)大副。

(3)二副。

(4)引航员。

(5)水手长。

(6)高级值班水手。

3. 拓展就业岗位

(1)游轮乘务员。

(2)船舶修理工:造船厂舾装岗位、船舶及设备测试岗位、船舶检验人员。

(3)港航企业服务人员:码头装卸工作岗位、码头靠离泊及安全工作岗位、船舶代理、货物代理。

六、主要专业课程简介

主要专业课程简介见表8-3。

表8-3　主要专业课程简介

序号	课程名称	课程内容及目标要求			
		课程内容	知识目标	能力目标	课程思政目标
1	船舶结构与设备	本课程主要讲授船舶常识、船体结构、船舶种类、船舶主要部位名称及船舶尺度的相关知识;船体结构的骨架形式、各部位结构和各种类型管系的特点及作用;船舶主要甲板设备;船舶货物基础知识,船舶吃水,船舶吃水差	(1)了解船舶种类及各自特点 (2)掌握不同种类船舶结构形式和特点 (3)掌握船舶甲板设备种类、用途、维护保养方法及要领 (4)掌握海上货物运输基础知识 (5)了解船舶吃水及吃水差	(1)能够识别不同种类船舶,熟悉各种船舶结构特点 (2)能够正确操作船舶各种甲板设备 (3)具备对船舶及其设备进行维护保养的能力 (4)能够正确观测和记录船舶吃水、吃水差	(1)弘扬和激发学生民族自豪感、国家认同感 (2)弘扬"四个自信"与家国情怀 (3)弘扬精益求精的工匠精神、安全意识、环保意识 (4)培养良好的职业道德和职业素养 (5)培养爱岗敬业、尊重劳动、热爱劳动的精神

表8-3(续1)

序号	课程名称	课程内容及目标要求			
		课程内容	知识目标	能力目标	课程思政目标
2	航海英语听力与会话	本课程主要讲授船舶靠离泊作业、货物装卸、航海基本技能、船舶交通管理、PSC检查等内容,掌握船舶内部沟通与通信、船舶对外通信、靠离泊作业、货物装卸、紧急情况下通信等知识,培养英语沟通与交流能力	(1)掌握船舶工作和日常用语 (2)掌握船舶进出港业务、靠离泊业务用语 (3)掌握装卸作业和航行用语 (4)掌握对外通信及海上安全用语 (5)掌握船舶保养及港口国检查相关用语	(1)具备不同工作环境和工作程序中标准航海英语的应用能力 (2)能够用英语进行现场业务沟通交流 (3)具备专业英语听说能力	(1)树立人类命运共同体理念 (2)弘扬文化交流与包容的大国理念 (3)弘扬精益求精的工匠精神、安全意识、环保意识 (4)培养良好的职业道德和职业素养
3	航海学—航法	本课程主要讲授潮汐的成因和潮汐现象、潮汐表的结构和查阅方法、利用中英版《潮汐表》等进行潮汐和潮流计算;航标的种类与作用、国际海区水上助航标志制度、正确识别并使用各种助航标志;气象航线与气候航线的概念与特点,气象导航原则、方法、程序和注意事项,船舶定线制的作用、种类、航行方法和航线设计原则;船舶交通管理系统、船舶报告系统;大洋航行、沿岸航行、狭水道航行、雾中航行和冰区航行各自的特点、注意事项,以及相关的定位导航方法等	(1)掌握潮汐与潮流成因及规律 (2)掌握航标的种类与作用、国际海区水上助航标志制度 (3)掌握船舶定线与船舶报告制方法、规定及使用程序 (4)掌握不同种类航线与航法知识	(1)能够进行潮汐计算与潮流推算 (2)能够正确识别航标并利用航标进行导航与定位 (3)能够遵守船舶定线和船舶报告制的规定并正确应用 (4)能够规划航线并利用适当航行方法保证船舶在不同航行环境和条件下安全航行 (5)具有按章、安全驾驶船舶的能力	(1)弘扬和激发民族自豪感、文化自信、家国情怀 (2)弘扬精益求精的工匠精神、安全意识、环保意识 (3)培养良好的职业道德和职业素养 (4)培养遵纪守法和法律意识

表 8-3(续 2)

序号	课程名称	课程内容及目标要求			
		课程内容	知识目标	能力目标	课程思政目标
4	航海气象与海洋学	本课程主要讲授气象要素和海洋要素的基本变化规律;大气概况;气温、湿度、气压、风、大气稳定度、云、降水、雾与能见度等气象要素的定义、特征、变化规律;海浪、海流、海冰等水文要素的定义与特征;大气垂直运动、大气环流和局地环流;船舶水文气象观测;气团、锋、锋面气旋、冷高压、副热带高压、热带气旋等天气系统的定义、强度范围、天气特征、变化和移动规律;强对流性天气系统的概念及特征;航海气象信息的获取与应用	(1)掌握从事航海工作所必须的气象学和海洋学基础知识 (2)掌握气象和海洋要素定义、特点和变化规律 (3)掌握天气系统概念、成因、特点及变化规律 (4)掌握气象信息的获取方法	(1)具有分析与解决海上实际气象问题的能力 (2)能够获取、分析和应用气象信息,保障航行安全和货物运输质量 (3)能够观测和分析气象及水文状况 (4)能够应对气象条件对航海及货运的影响 (5)能够进行不同气象条件下的航线规划	(1)弘扬和激发学生民族自豪感、国家认同感 (2)弘扬"四个自信"与家国情怀 (3)弘扬精益求精的工匠精神、科学家精神、安全意识 (4)培养良好的职业道德和职业素养 (5)培养爱岗敬业、尊重劳动、热爱劳动的精神 (6)树立海洋权益意识、海洋环境保护意识和绿色发展理念
5	海上货物运输	船舶货物基础知识;船舶稳性、强度的概念、要求和计算方法;危险货物分类、特征、包装、标志、积载与隔离要求;货物单元积载与系固知识及计算;杂货运输的安全装卸与积载;杂货船配积载图编制与识读;集装箱及集装箱船知识、配积载与装运要求;固体散货装载特点与水尺计量;散粮运输特点、散装谷物船稳性核算及改善措施;石油类货物及油船的特征、配积载方法及防污染	(1)掌握船舶初稳性、强度的概念、要求和计算方法 (2)掌握危险货物分类、特征、包装、标志、积载与隔离要求 (3)掌握不同种类货物的积载与系固知识及计算方法 (4)掌握不同种类货物及船型知识、货物运输及安全装卸与积载、配积载图编制与识读 (5)掌握各液体货物及运输船的特征、配积载方法及防污染	(1)能够保证船舶具有适度的稳性、吃水差和强度 (2)能够编制船舶货物配积载图 (3)能够进行货物单元的积载与系固 (4)能够保证货物运输质量 (5)能够保证航行、靠泊、装卸货安全 (6)能够进行日常工作中人员及船舶的安全管理	(1)弘扬和激发学生民族自豪感、国家认同感 (2)弘扬"四个自信"与家国情怀 (3)弘扬精益求精的工匠精神、科学家精神、安全意识、成本意识 (4)培养具有良好的职业道德和职业素养 (5)培养爱岗敬业、尊重劳动、热爱劳动的精神 (6)树立海洋权益意识、海洋环境保护意识和绿色发展理念

表 8-3(续 3)

序号	课程名称	课程内容及目标要求			
		课程内容	知识目标	能力目标	课程思政目标
6	航海英语	海图和英版航海出版物、英语航海气象资料、驾驶台航海仪器的英文说明书及操作程序的阅读;船舶操纵性能和操纵设备用语;英版国际海上避碰规则;船舶安全、紧急设备名称和应急应变用语;基本船体结构名称和货物作业相关用语;船舶安全管理相关英语知识;用英语记载航海日志和其他书表文件;标准海事用语 SMCP	(1)掌握海图和英版航海出版物、资料、仪器的英文说明书及操作程序 (2)掌握船舶操纵性能和操纵设备用语、英版国际海上避碰规则、船舶安全、紧急设备名称和应急应变用语 (3)掌握基本船体结构名称和货物作业相关用语、船舶安全管理相关的英语知识	(1)能够用英语进行现场业务沟通交流 (2)能够阅读并应用英版航海图书资料、设备说明书和操作说明 (3)能够理解国际公约法规 (4)能够用英文撰写业务函件及报告 (5)能够用英文记载航海日志和其他书表文件 (6)能够应用标准海事用语 SMCP	(1)激发学生民族自豪感与认同感,弘扬"四个自信"与家国情怀 (2)弘扬工匠精神、职业素养 (3)宣扬人类命运共同体、我国外交求同存异等大国理念 (4)培养学生安全意识、环保意识、服务服从意识
7	船舶值班与避碰	避碰规则的适用范围、责任条款、一般定义;号灯号型、声响和灯光信号的识别;瞭望、安全航速条款;碰撞危险及避免碰撞的行动条款;狭水道及分道通航制条款;帆船条款;追越、对遇及交叉局面条款;让路船、直航船的行动及船舶间的避碰责任条款;能见度不良时的行动规则;航行值班原则;驾驶台资源管理;国际信号规则。	(1)掌握避碰规则的适用范围、责任条款和一般定义 (2)掌握船舶号灯号型、声响和灯光信号的识别 (3)掌握瞭望、安全航速条款、碰撞危险及避免碰撞的行动条款、狭水道及分道通航制条款、帆船条款;追越、对遇及交叉局面条款 (4)掌握让路船、直航船的行动及船舶间的避碰责任条款,以及能见度不良时的行动规则 (5)了解航行值班原则、驾驶台资源管理和国际信号规则	(1)能够安全完成航线规划和制定 (2)能够熟练应用航海仪器 (3)能够在能见度不良、大密度通航,以及受限水域等环境下,安全驾驶船舶 (4)能够运用良好的船艺 (5)能够掌握船舶操纵性能并进行避碰应用 (6)能够进行应急条件下的操船和安全进行船舶避碰	(1)弘扬"不以规矩,不能成方圆"等中华传统文化精髓 (2)弘扬和激发学生民族自豪感、认同感,弘扬"四个自信"与家国情怀 (3)培养工匠精神、良好的职业道德和职业素养 (4)培养学生海洋权益意识、安全意识、环保意识、成本意识、服务服从意识和团队协作精神

表 8-3(续 4)

序号	课程名称	课程内容及目标要求			
		课程内容	知识目标	能力目标	课程思政目标
8	船舶管理	本课程主要讲授防止海洋环境污染和防止污染程序;相关国际公约要求(含 SOLAS、MARPOL、STCW、MLC、LL1966、压载水管理公约、联合国海洋法、港口国监督等);相关内法规要求(含《中华人民共和国海上交通安全法》《中华人民共和国海洋环境保护法》《中华人民共和国船员条例》《中华人民共和国防止船舶污染海洋环境管理条例》《中华人民共和国海船船员值班规则》等);船舶应急应变程序;船上人员管理和培训、有效的资源管理、运用决策、技能、任务,以及工作量管理等知识	(1)了解航运相关国际公约要求及内容(含 SOLAS、MARPOL、STCW、MLC、LL1966、压载水管理公约、联合国海洋法、港口国监督等) (2)了解相关国内法规要求和内容(含《中华人民共和国海上交通安全法》《中华人民共和国海洋环境保护法》《中华人民共和国船员条例》《中华人民共和国防止船舶污染海洋环境管理条例》《中华人民共和国海船船员值班规则》等) (3)掌握船舶应急应变程序 (4)掌握船上人员管理和培训、有效的资源管理、运用决策、技能、任务,以及工作量管理等知识	(1)能够运用船舶管理国际公约、规则规划指导船舶相关工作 (2)具备人员、船舶、设备安全管理和设备维护保养能力 (3)能够安全履行航行值班、系泊值班职责 (4)能够履行 IMO 和国家现行安全管理和防污染规范、规程、标准	(1)弘扬"不以规矩,不能成方圆"等中华传统文化精髓 (2)培养工匠精神、良好的职业道德和职业素养 (3)树立人类命运共同体理念 (4)培养学生海洋权益意识、安全意识、环保意识、成本意识和服务服从意识
9	驾驶台资源管理	船舶助航仪器使用;船舶操纵要领;互见中、能见度不良、特殊水域的避碰应用;航行计划的制定和实施;按要求通过指定水域操作;驾驶台团队协作;船舶常规及紧急情况下的内部和外部通信;航海日志的正确记录	(1)掌握船舶驾驶台助航仪器的使用 (2)掌握船舶操纵要领 (3)掌握互见中、能见度不良、特殊水域的避碰应用 (4)掌握航行计划的制订和实施	(1)能够有效运用船舶驾驶台的助航仪器 (2)能够正确运用船舶操纵技巧 (3)具备互见中、能见度不良、特殊水域的船舶避碰能力 (4)能够进行航行计划的制订和实施	(1)培养学生的安全意识、环保意识、成本意识、服务服从意识 (2)培养良好的职业道德、职业素养和严谨的工作态度 (3)增强个人意志力、团结协作精神、公共及公众意识

表 8-3(续 5)

序号	课程名称	课程内容及目标要求			
		课程内容	知识目标	能力目标	课程思政目标
			(5)掌握驾驶台团队协作要领;船舶常规及紧急情况下的内部和外部通信 (6)掌握航海日志的正确记录方法	(5)具备驾驶台团队协作能力 (6)能够进行船舶常规及紧急情况下的内部和外部通信 (7)能够正确记录航海日志	
10	航海技能训练	本课程主要讲授船上工作安全相关的基本技能。主要内容包括:个人求生;个人安全与社会责任;防火与灭火;基本急救;精通救生艇筏和救助艇;高级消防;精通急救等	(1)掌握海上个人求生知识 (2)掌握船舶工作涉及的个人安全与社会责任 (3)掌握船舶防火与灭火知识 (4)掌握基本急救知识 (5)精通船舶救生艇筏和救助艇结构、操作等知识 (6)掌握船舶防火结构、灭火设备、灭火系统、消防演练等消防知识 (7)掌握相关急救知识	(1)具备海上个人求生技能 (2)能够保障船舶工作中的个人安全,履行社会责任 (3)具备船舶防火与灭火技能 (4)具备一定急救技能 (5)能够熟练操作、应用船舶救生艇筏和救助艇 (6)具备船舶防火、灭火设备使用、灭火系统操作技能 (7)能够参与或指挥船舶消防演练	(1)培养学生的安全意识 (2)培养学生的环保意识和服务服从意识 (3)培养良好的职业道德和职业素养 (4)培养严谨的工作态度 (5)增强个人意志力,团结协作精神、公共及公众意识

七、课时及进度安排

(一)学年编制表

航海技术专业学年编制表见表 8-4。

表 8-4　航海技术专业学年编制表

学年学期		总周数	课堂教学	实践教学	毕业实践	考试	毕业教育
一	1	18	15	2		1	
	2	19	13	5		1	
二	3	19	14	4		1	
	4	19	14	4		1	

表 8-4（续）

学年学期		总周数	课堂教学	实践教学	毕业实践	考试	毕业教育
三	5	19	13	5		1	
	6	18			16		2
合计		112	69	20	16	5	2

课时与学分统计		总计	课堂教学		实践教学	素质教育
			理论课时	实践课时		
	课时	2 968	1 250	416	1 080	222
	%	100.00%	42.11%	14.02%	36.39%	7.48%
	学分	167.0	104.0		36.0	27.0
	%	100.00%	62.28%		21.55%	16.17

（二）课堂教学安排表

航海技术专业课堂教学安排表见表 8-5。

表 8-5　航海技术专业课堂教学安排表

序号	属性	课程代码	课程名称	学分	课时			考核性质	按学期分配周课时数						开课周数	调整课时
					总课时	理论课时	实践课时		1	2	3	4	5	6		
									15	13	14	14	13	0		
1	公共基础课		思想道德与法治	3.0	48	40	8		3						12	
2			军事理论	1.5	24	24			2						12	
3			实用英语一	4.0	60	60		1	4							
4			体育与健康一	1.0	30	0	30		2							
5			信息化办公与人工智能基础	4.0	60	60		1	4						15	
6			毛泽东思想和中国特色社会主义理论体系概论	2.0	32	32				2						
7			习近平新时代中国特色社会主义思想概论	3.0	48	40	8				3					

表 8-5（续 1）

序号	属性	课程代码	课程名称	学分	课时			考核性质	按学期分配周课时数						开课周数	调整课时
					总课时	理论课时	实践课时		1	2	3	4	5	6		
									15	13	14	14	13	0		
8	公共基础课		实用英语二	4.0	60	60		2		4						8
9			体育与健康二	1.0	32	0	32			2						6
10			走近中华优秀传统文化	2.0	32	32				2						
11			实用英语三	2.0	30	30					2					2
12			应用文写作	2.0	30	30							4			8
13			高等数学	4.0	60	60		2		4						8
			小计	33.5	546	468	78		15	14	5	0	4	0		
14	专业基础课		船舶结构与设备	3.5	56	42	14	1	4							14
15			航海学—地文	4.5	72	54	18	1	5							3
16			航海英语听力与会话(一)	3.5	56	28	28			4						
17			航海英语听力与会话(二)	3.5	52	36	16					4			13	
18			GMDSS 概论	1.5	26	18	8						2			
			小计	16.5	262	178	84		9	4	0	4	2	0		
19	专业必修课		航海气象与海洋学★	4.5	72	58	14	2		6						12
20			航海仪器★	3.0	48	32	16	2		4						12
21			航海学—航法★	5.5	84	64	20	3			6					
22			船舶操纵★	4.0	65	55	10	3			5					13
23			海上货物运输★	5.5	84	74	10	3			6					

表 8-5（续 2）

序号	属性	课程代码	课程名称	学分	课时			考核性质	按学期分配周课时数						开课周数	调整课时
					总课时	理论课时	实践课时		1	2	3	4	5	6		
									15	13	14	14	13	0		
24			航海仪器使用	1.5	26	16	10	4				2			13	
25			航海英语（一）★	3.5	56	42	14	4				4				
26			船舶值班与避碰★	6.0	98	62	36	4				7				
27			航海学—天文	5.5	84	44	40	4				6				
28			航海英语(二)	4.0	65	51	14	5					5			
29			船舶管理★	5.0	78	70	8	5					6			
			小计	48.0	760	568	192		0	10	17	19	11	0		
30	专业选修课		航海实用技能拓展 船舶检验	3.0	48	12	36						4		12	
31			水手值班 船舶防污染	3.0	48	22	26						4		12	
			小计	6.0	96	34	62		0	0	0	0	8	0		
			合计	104.0	1 664	1 248	416		24	28	22	23	25	0		

注：1. 考试课在考核性质栏中标明对应的学期数字，考查课不进行标注

2. 专业平台课用▲标注，4~6 门课

3. 专业核心课用★标注，5~8 门课

（三）实践教学安排表

航海技术专业实践教学安排表见表 8-6。

表 8-6　航海技术专业实践教学安排表

序号	课程代码	课程名称	学分	课时	按学期分配周数						备注
					1	2	3	4	5	6	
1		军训	2	60	2						
2		航海技能训练	5	150		5					
3		保安意识与职责	1	30			1				
4		雷达操作与应用	3	90			3				
5		航线设计	1	30				1			
6		电子海图显示与信息系统	2	60				2			

表 8-6(续)

序号	课程代码	课程名称	学分	课时	1	2	3	4	5	6	备注
					按学期分配周数						
7		货物积载与系固	1	30				1			
8		驾驶台资源管理	2	60				2			
9		值班水手培训	3	90				3			
10		毕业顶岗实习	16	480						16	
		合计	36	1 080	2	5	4	4	5	16	

(四)素质教育安排表

航海技术专业素质教育安排表见表 8-7。

表 8-7　航海技术专业素质教育安排表

序号	模块名称	内容	课时	最低学分	途径	学期	学分认定部门
1	公共素质课	心理健康教育一	24	1.5	课堂教学	第 1 学期	教学单位
2		心理健康教育二	8	0.5		第 2 学期	
3		职业生涯设计	16	1		第 1 学期	
4		形势与政策	40	1		第 1~5 学期	
5		就业指导	22	1		第 4 学期	
6		创新创业教育	32	2		第 3 学期	
7		人文社科类课程	64	4	课堂教学	第 2~5 学期	
8		自然科学类课程					
9		艺术类课程					
10	行为道德修养	行为规范养成		3.5	学校组织	第 1~5 学期	相关部门教学单位和素质教育中心
11		劳动教育课	16	1	学校组织		
12		主题教育活动课		1			
13		综合素质论文		1			
14	学习能力提升	职业资格证书		1	学校组织(至少取得 0.5 学分以上)		
15		相关专业技能证书					
16		应用能力类证书					
17		本科自考课程			自主取得		
18		专升本课程学习(英语/计算机)					
19	社会能力提升	社会实践与服务		1	学校组织(至少取得 0.75 学分以上)		
20		校园服务与管理			学校组织		
21		核心能力培训课					
22		应急救护能力培训课					

表 8-7(续)

序号	模块名称	内容	课时	最低学分	途径	学期	学分认定部门
23	技能技术创新	专业技能竞赛 创新创业大赛			学校组织(至少取得0.25学分以上)	第1~5学期	相关部门教学单位和素质教育中心
24		创新创业实践课		1	学校组织(至少取得0.25学分以上)		
25		取得专利证书 公开发表学术论文 参与课题研究			自主取得		
26	人文素质拓展	社团活动课		1.5	学校组织(至少取得0.5学分以上)		
27		体育美育活动课		5	学校组织		
28	自主选修	序号7-27中任选内容			学校组织或自主取得		
总计			222	27			

八、实施保障

(一)专业师资队伍

(二)实践教学条件

专业师资队伍情况和校内、外实训条件根据各校实际情况撰写,但必须满足《<中华人民共和国船员培训管理规则>实施办法》(海船员〔2019〕340号)中附件 6.《船员培训教学人员配备标准》和附件 4.《船员培训项目场地、设施设备配置标准》中相关培训项目要求的配备标准,一般高职院校开设无线航区三副、值班水手等培训项目。

(三)教学资源

1. 教材选用情况

本专业优先选用国家规划教材以及国家级教学资源库教材,积极与行业企业合作开发特色鲜明的专业课校本教材。此外,有部分课程采用活页讲义的形式。

2. 图书文献配备情况

图书资源丰富,馆藏中外文纸质图书约 100 万册,中外文电子图书约 15 万册,购买了中国知网、万方、维普、中科等学术综合及在线学习、考试数据库,能够满足学生专业学习、教师专业教学研究的需要;能够满足人才培养、专业建设等工作需要,方便师生查询、借阅。专业类图书文献主要包括:国际海事组织的各类法规、航海技术行业标准、国际国内海运货物运输、船舶安全设备等专业技术手册;航海技术有关专业类图书、实务案例类图书和航海类学术期刊。

3.数字资源配备情况

本专业配备了国家资源共享课、国家级资源库等课程,数字资源丰富。建设、配备与本专业相关的音视频素材、教学课件、数字化教学案例库、虚拟仿真软件、数字教材等学习资源。应用种类丰富、形式多样、使用便捷、动态更新,能满足教学要求。

(四)教学方法

根据课程的特点,教师应采用合适的教学方法。理论教学采用讲授法、讨论法、发现法、角色扮演法、参观法、案例法等教学方法,理实一体课程和实训课程采用理论与实践一体化项目教学法、案例教学法、情景教学法、模拟法、演示法、练习法、实验法、实习作业法等多种教学方法,同时将信息技术与教育教学相融合,线上与线下学习相结合,打造职业数字化教学新模式。

(五)学习评价

根据课程特点建议采用多元化考核方式,注重对学生职业知识、能力和素养等多方面进行考核评价。

1.考试课学习评价

考试课成绩评价建议采用百分记分制,一般依据期末成绩和平时成绩评定。理论性较强的考试课,期末成绩占80%,平时成绩占20%,期末考试采用闭卷笔试的方式。理实一体化的考试课,加大实操过程的考核,将期末成绩设置为占50%,平时成绩占50%,平时成绩中包含实操过程考核成绩30%。

2.考查课学习评价

考查课成绩评价建议采用五级记分制,考核档次分为优秀、良好、中、及格、不及格。依据平时考查成绩、阶段性考试成绩和期末考试成绩进行综合评定,阶段性考试和期末考试采用开卷、闭卷考试或现场操作及口试、论文、报告、答辩等方法进行考核。

3.实训课学习评价

校内实训成绩评价建议采用五级记分制,考核档次分为优秀、良好、中、及格、不及格。考核方式可以采用日常表现考核、笔试、口试、实训报告、现场操作、答辩等多种方式相结合的综合考核方式进行。

校外实训成绩评价建议采用实习期间学生的表现、企业对学生的评价、校内教师的评价、学生实习周记、学生实习报告、现场答辩等多种方式相结合的综合考核方式进行。

(六)质量管理

建立健全校院两级质量保障体系。以保障和提高教学质量为目标、以教学诊断与改进为手段对各环节教学进行质量管理。

1.完善教学管理机制,加强日常教学组织运行与管理的措施,如巡课和听课制度等。

2.建立毕业生跟踪反馈机制及社会评价机制,定期评价人才培养质量和培养目标达成情况。

3.充分利用评价分析结果有效改进专业教学,加强专业建设,持续提高人才培养质量。

九、毕业要求

学生修完专业人才培养方案所规定的课程,修满167学分,并按照《大连职业技术学院学生素质教育学分实施条例》完成素质教育学分,达到本专业人才培养目标和培养规格的要求方可毕业。

执笔人: 　　审核人:

二、轮机工程技术专业人才培养方案

轮机工程技术专业人才培养方案

一、专业名称及代码

专业名称:轮机工程技术。

专业代码:500303。

二、招生对象

普通高中毕业生、中等职业学校毕业生。

三、修业年限

基本学制为 3 年。

四、培养目标及培养规格

(一)培养目标

培养理想信念坚定,德智体美劳全面发展,适应现代航运业和船舶产业发展需要,具有良好的人文素质、职业道德、创新意识,以及精益求精的工匠精神等素质,掌握轮机工程、船舶电子电气及控制工程、轮机维护与修理、船舶作业管理和人员管理等知识和技术技能,能够从事船舶轮机设备的安装、调试、管理、保养、维修等工作,面向轮机管理和船机修造领域,适应智能时代需要的高素质技术技能人才。

(二)培养规格(除以下"专业知识""专业技术技能"外参见"第七章 航海类专业人才培养方案制订的建议"中的相关内容)

1. 素质结构

2. 知识结构

专业知识:熟悉与本专业相关的法律法规,以及环境保护、安全消防、文明生产等相关知识;掌握机械制图、材料、电工、热工、数学、计算机基础等轮机工程技术专业基础知识;掌握国际海事组织《海员培训、发证和值班标准国际公约》和交通运输部海事局《海船船员培训大纲》中轮机管理人员所必备的专业知识;掌握主推进动力装置、船舶辅机、船舶电气、自动监测等知识;掌握船舶机电设备维护与保养相关知识;熟悉远洋船舶相关国际与国内法规、海事公约,以及海洋环境保护相关知识;掌握航运企业生产管理与船舶管理相关知识。

3. 能力结构

专业技术技能:具有本专业必需的信息技术应用和维护能力;具有海上个人求生、安全保护、防火灭火的能力,精通船上急救,能够释放并操纵救生艇筏,能够开展船舶火灾消防行动;具有船舶保安意识,熟悉保安职责,能够维护和保养保安设备,并能在遇到威胁时采取妥善保安措施;具有机械图纸的识读能力;具有车、钳、焊、电工工艺的基本操作能力;具有船舶机电设备使用、保养、检测调试和维护修理能力;具有正确识别应变信号和使用船内通信的能力;具有应急设备操作与维护能力;具有一定的航运企业初级岗位的管理工作能力,能够开展人员管理、技术设备管理、安全自查和安全管理,能够独立担任轮机值班;具有涉及船员、航运,以及海事相关法律事件的初步分析能力。

五、职业面向

(一)职业岗位类别

职业岗位类别见表8-8。

表8-8 职业岗位类别

专业岗位方向	所属专业大类(代码)	所属专业类(代码)	对应行业(代码)	主要职业类别(代码)	主要岗位别(技术领域)	职业资格证书或技能等级证书举例
海上方向	交通运输大类(50)	水上运输类(5003)	水上运输业(55)	船舶指挥和引航人员(2-04-02)	轮机部技术人员—船舶轮机员(2-04-02-02)	主推进动力装置750 kW及以上船舶三管轮适任证书
						基本安全证书
						精通救生艇筏和救助艇培训合格证
						高级消防培训合格证
						精通急救培训合格证
						保安意识培训合格证
						负有指定保安职责船员培训合格证
				水上运输设备操作人员及有关人员(6-30-04)	船舶机舱设备操作工—值班机工(6-30-04-02)	主推进动力装置750 kW及以上船舶值班机工证书
						基本安全证书
						保安意识培训合格证
						负有指定保安职责船员培训合格证
陆上方向				船舶制造人员(6-23-02)	船舶机械装配工(6-23-02-02)	
				船舶、民用航空器修理人员(6-23-02)	船舶修理工(6-31-02-01)	

（二）职业岗位能力分析

职业岗位能力分析见表8-9。

表8-9　职业岗位能力分析

职业方向	职业岗位	岗位能力	专业能力	课程
海上方向	（1）轮机部技术人—船舶轮机员（2-04-02-02）（2）船舶机舱设备操作工—值班机工（6-30-04-02）	能够操作、管理轮机设备及相关系统的能力；能够完成轮机值班的能力；能够运用轮机专业英语能力	保持安全的轮机值班能力；以书面和口语形式使用英语能力；熟练使用内部通信系统能力；识图能力；熟练操作主机和辅机及其相关的控制系统能力；熟练掌握燃油系统、滑油系统、压载水系统和其他泵系及其相关控制系统的操作能力	船舶管理(轮机)机舱资源管理值班机工机工业务拓展轮机英语轮机英语听力与会话轮机实用英语口语轮机机械制图轮机机械基础轮机工程材料热工与仪表主推进动力装置船舶辅机船舶动力设备操作毕业实习
		能够操作、管理船舶电气及自动化设备及系统能力；能够维护、修理船舶电气及自动化设备及系统的能力	操作电气、电子和控制系统的能力；电气和电子设备的维护与修理的能力	船舶电工电子技术船舶电气设备及系统轮机自动化船舶电工工艺和电气设备电气与自动控制毕业实习
		能够维护、修理轮机设备的能力	用于船上加工和修理的手动工具、机械工具及测量仪表的适当使用能力；车工、钳工、电焊、气焊操作能力；船上机械和设备的故障诊断及维护、修理能力	热工与仪表动力设备拆装(主机)动力设备拆装(辅机)金工工艺(车工)金工工艺(钳工)金工工艺(电焊)金工工艺(气焊)轮机维护与修理船舶检验毕业实习
		能够初步管理船舶作业和人员作业的能力；能够进行船舶消防、海上求生、人员急救、船舶保安、船舶防污染、安全作业的能力；能够初步分析涉及船员、航运及海事相关法律事件的能力	确保遵守防污染要求的能力；保持船舶的适航性能力；船上防火、控制火灾和灭火的能力；操作救生设备的能力；在船上应用医疗急救的能力；监督遵守法定要求的能力；领导力和团队工作技能的运用能力；有助于人员和船舶的安全能力；具有船舶保安意识，熟悉保安职责，能维护和保养保安设备，并能在遇到威胁时采取妥善保安措施的能力	船舶管理(轮机)航海技能训练船舶辅机机舱资源管理保安意识与职责船舶防污染毕业实习

表8-9(续)

职业方向	职业岗位	岗位能力	专业能力	课程
陆地方向	(1)船舶机械装配工(6-23-02-02) (2)船舶修理工(6-31-02-01)	能够使用设备和工具,安装、维修船舶机械设备设备能力;能够进行船舶管系安装和维修的能力;具有简单的图纸识读能力;能够简单运用轮机专业英语能力	识图能力;掌握船舶机械设备基本结构特点的能力;掌握船舶机械设备基本材料特点的能力;熟练掌握主机和辅机及其相关的控制系统基本构成及原理的能力;掌握基本金工工艺操作的能力;能够熟练拆装船舶主要机械设备的能力;能够看懂船舶设备英文说明书,并且运用专业英语进行基本交流的能力	轮机机械制图 轮机机械基础 轮机工程材料热工与仪表 主推进动力装置 船舶辅机 轮机维护与修理 动力设备拆装(主机) 动力设备拆装(辅机) 金工工艺(车工) 金工工艺(钳工) 金工工艺(电焊) 金工工艺(气焊) 毕业实习 轮机英语 轮机英语听力与会话 轮机实用英语口语

(三)专业就业岗位

专业就业岗位见表8-10。

表8-10　专业就业岗位

首要就业岗位	可发展就业岗位	拓展就业岗位
(1)轮机部技术人员—船舶轮机员(2-04-02-02)	(1)二管轮	
	(2)大管轮	
	(3)轮机长	
	(4)机务	(1)船舶业务员(港口服务、船舶代理、货物代理、船员培训、船员调派)
(2)船舶机舱设备操作工—值班机工(6-30-04-02)	(1)高级值班机工	(2)船舶检验工程技术人员
	(2)机工长	(3)泵、压缩机、阀门及类似机械制造人员(泵、压缩机、风机、过滤与分离机械、阀门、液压设备装配调试)
	(3)轮机员	
(3)船舶机械装配工(6-23-02-02)	(1)技术员	(4)锅炉及原动设备制造人员(锅炉装备制造、内燃机装配调试)
	(2)部门长	(5)军人
	(3)部门主管	
(4)船舶修理工(6-31-02-01)	(1)技术员	
	(2)部门长	
	(3)部门主管	

六、主要专业课程简介

主要专业课程简介见表8-11。

表8-11　主要专业课程简介

序号	课程名称	课程内容及目标要求			
		课程内容	知识目标	能力目标	课程思政目标
1	主推进动力装置	柴油机的工作原理和性能指标;柴油机的基本结构;燃油的雾化与燃烧;柴油机的换气与增压;主机及相关辅助设备;副机及相关系统;分油机及燃油处;船舶动力系统;推进轴系及螺旋桨;柴油机电子控制技术;主机及相关辅助设备	通过本课程的学习,学生应掌握主推进动力装置的功能、结构、原理、维护保养、故障分析等相关理论知识	学生具备科学地管理、使用、维修主推进动力装置设备系统的能力;分析和处理主推进动力装置常见故障的独立工作能力和及时了解与正确管理主推进动力装置先进技术设备的能力;达到《STCW78/95 公约》和《中华人民共和国海船船员适任考试和发证规则》对本课程的要求	培养爱国情怀;激发强烈的民族自尊心、自豪感;培养敢为人先的探索精神;培养良好的职业道德和敬业精神;树立理想信念,坚定海洋强国的使命担当;培养爱岗敬业、精益求精的工匠精神
2	船舶辅机	船用泵;船舶辅助管系;活塞式空气压缩;船舶制冷装置;船舶空调装;船舶液压设;船用海水淡化装;船舶辅锅炉装置;船用材料的选用;其他船舶辅助设	通过本课程的学习,学生应掌握船舶辅机功能、结构、原理、维护保养、故障分析等相关理论知识	学生具备科学地管理、使用、维修船舶辅机设备系统的能力;分析处理船舶辅机常见故障的独立工作能力和及时了解与正确管理船舶辅机先进技术设备的能力;达到《STCW78/95 公约》和《中华人民共和国海船船员适任考试和发证规则》对本课程的要求	培养爱国情怀;培养敢为人先的探索精神;培养良好的职业道德和敬业精神;树立理想信念,坚定海洋强国的使命担当;培养爱岗敬业、精益求精的工匠精神

表 8-11(续 1)

序号	课程名称	课程内容及目标要求			
		课程内容	知识目标	能力目标	课程思政目标
3	轮机维护与修理	现代船舶维修;船机零件的摩擦与磨;船机零件腐蚀及其防护;船机零件的疲劳破坏;船机零件的缺陷检验;船机零件的修复工艺;船机的维修过程;柴油机主要零件的检修	通过本课程的学习,学生应掌握维修科学、故障模式、船机设备故障诊断技术、修复工艺、维修过程、柴油机主要部件检修等相关理论知识	学生具备科学地对船机设备进行故障诊断、维护修理的能力;达到《STCW78/95 公约》和《中华人民共和国海船船员适任考试和发证规则》对本课程的要求	培养爱国情怀;激发强烈的民族自尊心、自豪感;培养敢为人先的探索精神;培养良好的职业道德和敬业精神;树立理想信念,坚定海洋强国的使命担当;培养爱岗敬业、精益求精的工匠精神
4	轮机英语	主推进动力装置的英语阅读;船舶辅助机械的英语阅读;船舶电气和自动化的英语阅读;船舶轮机管理业务的英语阅读;国际公约、规则的英语阅读与理解;轮机业务书写	通过本课程的学习,学生应掌握轮机业务相关英语词汇;掌握轮机相关知识的英语表达	具备识读轮机设备英文说明书的能力;能够用英文正确填写轮机业务报表;具有进行日常英语会话及轮机业务英语交流的能力;具备与值班驾驶员进行英语交流的能力;达到《STCW78/95 公约》和《中华人民共和国海船船员适任考试和发证规则》对本课程的要求	激发学生深厚的家国情怀、政治认同感和民族自豪感;培养学生树立正确的目标,使其具有积极进取态度、持之以恒的精神和勇于开拓的信心;培养学生吃苦耐劳的意识,使其具备良好的职业素养、工匠精神和良好的服务意识;引导学生履行道德准则和行为规范,使其具有社会责任感、社会参与意识、团队意识和奉献精神

表 8-11(续 2)

序号	课程名称	课程内容及目标要求			
		课程内容	知识目标	能力目标	课程思政目标
5	船舶管理（轮机）	船舶构造与适航性船舶公约概述；船舶运维管理；船舶安全操作与管理船舶人员的安全管理；船舶应急反应计划；船用工具及测量仪表；船舶防污染公约及法规防污染设备的管理；领导力和团队工作技能运用	通过本课程的学习,学生应掌握船舶的基础知识;熟悉与船舶管理、船舶人员管理有关的国际公约、国家法律法规;掌握船舶安全操作与管理程序;熟悉轮机部人员值班工作;熟悉船舶人员的安全管理及船舶应急反应计划;掌握船用工具及测量仪表相关知识;掌握防污染设备的工作原理及维护管理程序	能够正确实施机舱值班规程及安全操作程序;能熟练地执行船舶应变部署;具备操作和使用船舶防污染设备的能力;具备较高的情景意识、组织意识和团队意识;达到未来从事轮机管理所需要具备的有关船舶管理方面的专业技术水平;达到《STCW78/95 公约》和《中华人民共和国海船船员适任考试和发证规则》对本课程的要求	提高学生的政治认同感,激发学生具有深厚的家国情怀和使命担当;培养学生具有正确的公民人格;增强学生的责任意识、法律意识、环保意识;提高学生的社会责任感;培养学生的人文情怀和较高的职业素养;培养学生坚定拥护中国共产党的领导和我国社会主义制度
6	船舶电工电子技术	直流电路；正弦交流电路；电与磁；电子器件及电路	通过本课程的学习,学生应直流电路基础理论知识、交流电路的基本理论知识、电与磁方面的理论知识,以及半导体方面的相关知识,掌握交流电基础、电与磁,以及基本电子电路元件等方面的基本理论和基本应用	培养学生操作电气、电子和控制系统的能力,以及电气和电子设备的维护与修理的能力	培养学生坚持不懈的奋斗精神;培养学生敢为人先的探索精神;培养学生良好的职业道德和敬业精神;培养学生树立良好的团队意识

表8-11(续3)

序号	课程名称	课程内容及目标要求			
		课程内容	知识目标	能力目标	课程思政目标
7	船舶电气设备及系统	船舶电机与电力拖动系统;船舶发电机和配电系统;船舶电气设备维护与修理、故障诊断及功能测试	通过本课程的学习,学生应掌握船舶电机与电力拖动系统方面的知识;熟悉并掌握船舶发电机和配电系统操作方法,包括同步发电机及主开关;具备船舶电气设备维护与修理的相关知识	培养学生操作电气、电子和控制系统的能力,以及电气和电子设备的维护与修理的能力	培养学生勤学苦干的敬业精神;端正学生谨小细微的职业态度;培养学生甘于奉献的职业道德和敬业精神;培养学生的团队精神及妥善处理人际关系的能力
8	轮机自动化	船舶反馈控制系统基础;船舶机舱辅助控制系统;船舶蒸汽锅炉的自动控制;船舶主机遥控系统;船舶机舱监测与报警系统;船舶火灾自动报警系统	通过本课程的学习,学生应掌握船舶反馈控制系统基础知识;了解船舶机舱辅助控制系统;熟悉船舶蒸汽锅炉的自动控制;熟悉船舶主机遥控系统;掌握船舶机舱监视报警系统;船舶火灾自动报警系统等方面的基本应用	培养学生分析锅炉自动控制系统故障的能力;分析船舶机舱监视与报警系统、船舶火灾自动报警系统的能力;分析船舶主机遥控系统故障的能力;分析船舶机舱辅助控制系统故障的能力	培养学生敢为人先的探索精神;端正学生谨小细微的职业态度;树立学生良好的安全意识;培养学生的团队精神及妥善处理人际关系的能力

表 8-11(续 4)

序号	课程名称	课程内容及目标要求			
		课程内容	知识目标	能力目标	课程思政目标
9	轮机机械基础	理论力学 材料力学 机构与机械传动	通过本课程的学习,学生应掌握应力、应变的定义;熟悉拉伸、压缩与剪切三种载荷类型及其应力、应变计算方法;熟悉受到拉伸负载的弹性材料的弹性极限、屈服点、极限强度和断裂强度;了解振动的起因、危害及分类;熟悉船上振动主要来源及消除方法;熟悉共振、临界转速的概念、造成的影响以及应对措施	使学生掌握机械基础知识,能够对机械机构进行简单的分析,并达到《STCW78/95公约》和中华人民共和国海事局关于船舶操作级轮机员对该课程的适任标准	激发学生的爱国注意情怀;激发学生强烈的民族自尊心、自豪感;培养学生敢为人先的探索精神;培养学生良好的职业道德和敬业精神;培养学生的团队精神及妥善处理人际关系的能力
10	轮机工程材料	金属冶炼和金属加工基础 材料特性与使用 非金属材料 材料处理 碳钢热处理	通过本课程的学习,学生应掌握金属冶炼和金属加工基础的知识;材料特性与使用知识;非金属材料知识;材料处理的知识	使学生掌握轮机工程材料方面的知识,能够对钢等金属材料进行简单的热处理,并达到《STCW78/95公约》和中华人民共和国海事局关于船舶操作级轮机员对该课程的适任标准	培养学生树立良好的职业道德和敬业精神;培养学生的团队精神及妥善处理人际关系的能力

七、课时及进度安排

(一)学年编制表

轮机工程技术专业学年编制表见表8-12。

表8-12 轮机工程技术专业学年编制表

学年	学期	总周数	课堂教学	实践教学	毕业实践	考试	毕业教育
一	1	18	15	2		1	
	2	19	13	5		1	
二	3	19	14	4		1	
	4	19	14	4		1	
三	5	19	13	5		1	
	6	18		0	16		2
合计		112	69	20	16	5	2

课时与学分统计		总计	课堂教学		实践教学	素质教育
			理论课时	实践课时		
	课时	2 966	1 266	398	1 080	222
	%	100.00%	42.68%	13.42%	36.41%	7.49%
	学分	169.0	106.0		36.0	27.0
	%	100.00%	62.72%		21.30%	15.98

(二)课堂教学安排表

轮机工程技术专业课堂教学安排表见表8-13。

表8-13 轮机工程技术专业课堂教学安排表

序号	属性	课程代码	课程名称	学分	课时			考核性质	按学期分配周课时数						开课周数	调整课时
					总课时	理论课时	实践课时		1	2	3	4	5	6		
									15	13	15	13	13	0		
1	公共基础课		思想道德与法治	3.0	48	40	8		3						12	
2			军事理论	1.5	24	24			2						12	
3			实用英语一	4.0	60	60		1	4							
4			体育与健康一	1.0	30	0	30		2							
5			高等数学	4.0	60	60		2		4						8

表 8-13（续 1）

序号	属性	课程代码	课程名称	学分	课时			考核性质	按学期分配周课时数						开课周数	调整课时
					总课时	理论课时	实践课时		1	2	3	4	5	6		
									15	13	14	14	13	0		
6	公共基础课		毛泽东思想和中国特色社会主义理论体系概论	2.0	32	32					2					
7			习近平新时代中国特色社会主义思想概论	3.0	48	40	8				3					
8			体育与健康二	1.0	32	0	32			2						6
9			实用英语二	4.0	60	60		2		4						8
10			信息化办公与人工智能基础	4.0	60	60		1	4							
11			走近中华优秀传统文化	2.0	32	32				2						
12			实用英语三	2.0	30	30					2					
13			应用文写作	2.0	32	32					2		2			
			小计	33.5	548	470	78		15	14	7	0	2	0		
14	专业基础课		轮机机械制图	4.0	60	32	28		4							
15			轮机机械基础	3.5	56	40	16	1	4						14	
16			热工与仪表	2.0	30	26	4		2							
17			轮机工程材料	1.5	26	14	12			2						
18			船舶电工电子技术	3.5	52	40	12	2		4						
			小计	14.5	224	152	72		10	6	0	0	0	0		

表 8-13（续 2）

序号	属性	课程代码	课程名称	学分	课时			考核性质	按学期分配周课时数						开课周数	调整课时
					总课时	理论课时	实践课时		1	2	3	4	5	6		
									15	13	14	14	13	0		
19	专业必修课		船舶辅机一★	3.5	52	36	16	2		4						
20			船舶辅机二★	5.0	78	62	16	3			6				0	
21			主推进动力装置一★	4.0	60	44	16	3			4					
22			船舶管理(轮机)一★	3.5	56	40	16	3			4				14	
23			海上货物运输★	5.5	84	74	10	3			6					
24			船舶管理(轮机)二★	3.5	52	36	16	4				4				
25			船舶电气设备及系统★	5.5	90	74	16	3			6					
26			轮机自动化一★	3.5	52	36	16	4				4				
27			轮机自动化二★	3.5	52	36	16	5					4			
28			轮机英语一★	5.0	78	62	16	4				6				
29			轮机英语二★	3.5	52	36	16	5					4			
30			轮机英语听力与会话一★	1.5	24	16	8					2			12	
31			轮机英语听力与会话二★	4.5	70	46	24						6		12	-2
32			轮机维护与修理★	4.0	60	44	16	4					6		10	
			小计	56.0	860	642	218		0	4	20	26	14	0		
33	专业课(限选)		轮机实用英语口语	2.0	32	20	12						4		8	
34			船舶检验													
35			机工业务拓展	2.0	32	20	12						4		8	
36			船舶防污染													
			小计	4.0	64	40	24		0	0	0	0	8	0		
			合计	108.0	1 696	1 304	392		25	24	27	26	24	0		

注：1. 考试课在考核性质栏中标明对应的学期数字,考查课不进行标注

　　2. 专业平台课用"▲"标注,4~6 门课

　　3. 专业核心课用"★"标注,5~8 门课

（三）实践教学安排表

轮机工程技术专业实践教学安排表见表8-14。

表8-14　轮机工程技术专业实践教学安排表

序号	课程代码	课程名称	学分	课时	按学期分配周数						备注
					1	2	3	4	5	6	
1		军训	2	60	2						
2		航海技能训练	5	150		5					
3		保安意识与职责	1	30			1				
4		金工工艺（车工）	1	30			1				
5		金工工艺（钳工）	1	30			1				
6		船舶电工工艺和电气设备	1	30				1			
7		动力设备拆装（辅机）	1	30				1			
8		动力设备拆装（主机）	1	30				1			
9		动力设备操作	1	30				1			
10		电气与自动控制	1	30				1			
11		机舱资源管理	2	60					2		
12		金工工艺（电焊）	1	30					1		
13		金工工艺（气焊）	1	30					1		
14		值班机工	1	30					1		
15		毕业顶岗实习	16	480						16	
		合计	36	1 080	2	5	3	5	5	16	

（四）素质教育安排表

轮机工程技术专业素质教育安排表见表8-15。

表8-15　轮机工程技术专业素质教育安排表

序号	模块名称	内容	课时	最低学分	途径	学期	学分认定部门
1	公共素质课	心理健康教育一	24	1.5	课堂教学	第1学期	教学单位
2		心理健康教育二	8	0.5		第2学期	
3		职业生涯设计	16	1		第1学期	
4		形势与政策	40	1		第1~5学期	
5		就业指导	22	1		第4学期	
6		创新创业教育	32	2		第3学期	
7		人文社科类课程	64	4	课堂教学	第2~5学期	
8		自然科学类课程					
9		艺术类课程					

表 8-15(续)

序号	模块名称	内容	课时	最低学分	途径	学期	学分认定部门
10	行为道德修养	行为规范养成		3.5	学校组织	第1~5学期	相关部门教学单位和素质教育中心
11		劳动教育课	16	1			
12		主题教育活动课		1	学校组织		
13		综合素质论文		1			
14	学习能力提升	职业资格证书		1	学校组织(至少取得0.5学分以上)		
15		相关专业技能证书					
16		应用能力类证书					
17		本科自考课程			自主取得		
18		专升本课程学习(英语/计算机)					
19	社会能力提升	社会实践与服务		1	学校组织(至少取得0.75学分以上)		
20		校园服务与管理					
21		核心能力培训课			学校组织		
22		应急救护能力培训课					
23	技能技术创新	专业技能竞赛创新创业大赛		1	学校组织(至少取得0.25学分以上)	第1~5学期	相关部门教学单位和素质教育中心
24		创新创业实践课			学校组织(至少取得0.25学分以上)		
25		取得专利证书公开发表学术论文参与课题研究			自主取得		
26	人文素质拓展	社团活动课		1.5	学校组织(至少取得0.5学分以上)		
27		体育美育活动课			学校组织		
28	自主选修	序号7-27中任选内容		5	学校组织或自主取得		
	总计		222	27			

八、实施保障

(一)专业师资队伍

(二)实践教学条件

专业师资队伍情况和校内、外实训条件根据各校实际情况撰写,但必须满足《<中华人民共和国船员培训管理规则>实施办法》(海船员〔2019〕340 号)中附件 6.《船员培训教学人员配备标准》和附件 4.《船员培训项目场地、设施设备配置标准》中相关培训项目要求的配备标准,一般高职院校开设无线航区三管轮、值班机工等培训项目。

(三)教学资源

1. 教材选用情况

本专业优先选用国家规划教材以及国家级教学资源库教材,积极与行业企业合作开发特色鲜明的专业课校本教材。此外,有部分课程采用活页讲义的形式。

2. 图书文献配备情况

图书资源丰富,馆藏中外文纸质图书约 100 万册,中外文电子图书约 15 万册,购买了中国知网、万方、维普、中科等学术综合及在线学习、考试数据库,能够满足学生专业学习、教师专业教学研究的需要;能够满足人才培养、专业建设等工作需要,方便师生查询、借阅。专业类图书文献主要包括:国际海事组织的各类法规、航海技术行业标准、国际国内海运货物运输、船舶安全设备等专业技术手册;航海技术有关专业类图书、实务案例类图书和航海类学术期刊。

3. 数字资源配备情况

本专业配备了国家资源共享课、国家级资源库等课程,数字资源丰富。建设、配备与本专业相关的音视频素材、教学课件、数字化教学案例库、虚拟仿真软件、数字教材等学习资源。应用种类丰富、形式多样、使用便捷、动态更新,能满足教学要求。

(四)教学方法

根据课程的特点,教师应采用合适的教学方法。理论教学采用讲授法、讨论法、发现法、角色扮演法、参观法、案例法等教学方法,理实一体课程和实训课程采用理论与实践一体化项目教学法、案例教学法、情景教学法、模拟法、演示法、练习法、实验法、实习作业法等多种教学方法,同时将信息技术与教育教学相融合,线上与线下学习相结合,打造职业数字化教学新模式。

(五)学习评价

根据课程特点建议采用多元化考核方式,注重对学生职业知识、能力和素养等多方面进行考核评价。

1. 考试课学习评价

考试课成绩评价建议采用百分记分制,一般依据期末成绩和平时成绩评定。理论性较强的考试课,期末成绩占 80%,平时成绩占 20%,期末考试采用闭卷笔试方式。理实一体化的考试课,可以加大实操过程的考核,可以将期末成绩设置为占 50%,平时成绩占 50%,平时成绩中包含实操过程考核成绩 30%。

2. 考查课学习评价

考查课成绩评价建议采用五级记分制,考核档次分为优秀、良好、中、及格、不及格。依据平时考查成绩、阶段性考试成绩和期末考试成绩进行综合评定,阶段性考试和期末考试的考试方法可以灵活多样,可以采用开卷、闭卷考试或现场操作及口试、论文、报告、答辩等方法进行考核。

3.实训课学习评价

校内实训成绩评价建议采用五级记分制,考核档次分为优秀、良好、中、及格、不及格。考核方式可以采用日常表现考核、笔试、口试、实训报告、现场操作、答辩等多种方式相结合的综合考核方式进行。

校外实训成绩评价建议采用实习期间学生的表现、企业对学生的评价、校内教师的评价、学生实习周记、学生实习报告、现场答辩等多种方式相结合的综合考核方式进行。

(六)质量管理

建立健全校院两级质量保障体系。以保障和提高教学质量为目标、以教学诊断与改进为手段对各环节教学进行质量管理。

1.完善教学管理机制,加强日常教学组织运行与管理的措施,如巡课和听课制度等。

2.建立毕业生跟踪反馈机制及社会评价机制,定期评价人才培养质量和培养目标达成情况。

3.充分利用评价分析结果有效改进专业教学,加强专业建设,持续提高人才培养质量。

九、毕业要求

学生修完专业人才培养方案所规定的课程,修满 169 学分,并按照《大连职业技术学院学生素质教育学分实施条例》完成素质教育学分,达到本专业人才培养目标和培养规格的要求方可毕业。

执笔人：　　　审核人：

附　　录

附录 A　高等职业学校航海技术专业教学标准

一、专业名称（专业代码）

航海技术（600301）。

二、入学要求

普通高级中学毕业、中等职业学校毕业或具备同等学历。

三、基本修业年限

三年。

四、职业面向

本专业职业面向如表 A-1 所示。

表 A-1　本专业职业面向

所属专业大类 （代码）	所属专业类 （代码）	对应行业 （代码）	主要职业类别 （代码）	主要岗位群或 技术领域举例
交通运输 大类(60)	水上运输类 (6003)	水上运输业 (55)	船舶指挥和引航人员 (2-04-02)； 水上运输服务人员 (4-02-03)	船舶驾驶员； 船舶引航员； 港航企业服务人员

五、培养目标

本专业培养理想信念坚定、德智体美劳全面发展、具有一定的科学文化水平、良好的人文素养、职业道德和创新意识、精益求精的工匠精神、较强的就业能力和可持续发展能力、掌握本专业知识和技术技能、面向水上运输业的船舶指挥和引航人员、水上运输服务人员等职业群，以及能够从事船舶驾驶、船舶引航、港航服务管理等工作的高素质技术技能人才。

六、培养规格

本专业毕业生应在素质、知识和能力等方面达到以下要求。

(一)素质

(1)坚定拥护中国共产党的领导和我国社会主义制度,在习近平新时代中国特色社会主义思想指引下,践行社会主义核心价值观,具有深厚的爱国情感和中华民族自豪感。

(2)崇尚宪法、遵法守纪、崇德向善、诚实守信、尊重生命、热爱劳动,履行道德准则和行为规范,具有社会责任感和社会参与意识。

(3)具有质量意识、环保意识、安全意识、信息素养、工匠精神、创新思维。

(4)勇于奋斗、乐观向上,具有自我管理能力、职业生涯规划的意识,有较强的集体意识和团队合作精神。

(5)具有健康的体魄、心理和健全的人格,掌握基本运动知识和1~2项运动技能,养成良好的健身与卫生习惯,以及良好的行为习惯。

(6)具有一定的审美和人文素养,能够形成1~2项艺术特长或爱好。

(二)知识

(1)掌握必备的思想政治理论、科学文化基础知识和中华优秀传统文化知识。

(2)熟悉与本专业相关的法律法规以及环境保护、安全消防等知识。

(3)掌握基本安全、个人求生、船舶消防、急救、保安等船员必备知识。

(4)掌握船舶定位与导航、航海气象、船舶操纵、船舶值班与避碰、航海仪器使用等航行方面的知识。

(5)掌握船舶货物运输、装卸、积载等方面的知识。

(6)掌握船舶作业与人员管理方面的知识。

(7)掌握船舶通信业务及通信设备维护方面的知识。

(8)熟悉船舶相关国际、国内法规和公约相关知识。

(9)掌握港航企业生产管理相关知识。

(10)熟悉环境保护,特别是海洋环境保护相关知识。

(三)能力

(1)具有探究学习、终身学习、分析问题和解决问题的能力。

(2)具有良好的语言、文字表达能力和沟通能力。

(3)具有本专业必需的信息技术应用和维护能力。

(4)具有船舶保安意识,熟悉保安职责,能维护和保养保安设备,并能在遇到威胁时采取妥善的保安措施。

(5)能够正确使用电子海图、航海雷达、GPS、AIS、罗经、VDR、LRIT、测深仪、计程仪等航海仪器设备获取相关信息,为船舶安全航行提供保障。

(6)能够根据船舶和气象水文因素,拟定船舶航线,能采用适当方法进行定位并正确引导船舶航行。

(7)能够根据避碰规则和本船特点,进行船舶操纵与避碰,并进行有效的驾驶台资源管理。

(8)能够根据货物特点,制定合适的货物积载与系固方案,并能够按照方案进行装卸货作业。

(9)能够熟练操作 GMDSS 设备,并能根据需要进行遇险、紧急、安全和常规通信。

(10)能够对船上各种航海仪器、通导设备进行检查和保养。

七、课程设置及学时安排

(一)课程设置

本专业课程主要包括公共基础课程和专业课程。

1. 公共基础课程

根据党和国家有关文件规定,将思想政治理论、中华优秀传统文化、体育、军事理论与军训、大学生职业发展与就业指导、心理健康教育等列入公共基础必修课,并将党史国史、劳动教育、创新创业教育、大学语文、信息技术、高等数学、公共外语、健康教育、美育、职业素养等列入必修课或选修课。

学校根据实际情况可开设具有本校特色的校本课程。

2. 专业课程

专业课程一般包括专业基础课程、专业核心课程、专业拓展课程,并涵盖有关实践性教学的环节。学校可自主确定课程名称,但应包括以下主要教学内容。

(1)专业基础课程。

专业基础课程一般设置6~8门,包括:航海技术专业导论、航海英语听力与会话、轮机概论、水手业务、船舶结构、水手工艺等。

(2)专业核心课程。

专业核心课程一般设置6~8门,包括:船舶定位与导航、航海仪器操作、船舶值班与避碰、海上货物运输、船舶管理、船舶操纵、气象观测与分析、航海英语等。

(3)专业拓展课程。

专业拓展课程包括:海运业务与海商法、海事案例分析、船员劳动保护与社会保障、港口生产管理、物流概论、航海新技术等。

3. 专业核心课程主要教学内容

专业核心课程主要教学内容如表 A-2 所示。

表 A-2　专业核心课程主要教学内容

序号	专业核心课程名称	主要教学内容
1	船舶定位与导航	地理坐标、航向方位的确定;航速与航程的单位及含义;海图的投影及特征;中英版海图的识图、分类、使用注意事项;航迹推算;陆标定位;航海天文基本理论(天球坐标系、坐标转换、天体视运动)、天文定位基本方法(高度差法、测天方法、太阳中天高度求纬度);时间系统;天测罗经差;助航浮标制度;潮汐计算;不同航区的航行方法
2	航海仪器操作	主要航海仪器(包括 GPS 和北斗等卫星导航系统、回声测声仪、磁罗经、陀螺罗经、船载雷达、AIS、VDR、计程仪、LRIT)的工作原理、结构组成、主要功用、设备操作及使用注意事项、国际公约对设备的性能标准要求、误差及产生的原因、检查与维护注意事项;光纤罗经等新型设备的基本知识
3	船舶值班与避碰	避碰规则的适用范围、责任条款、一般定义;号灯号型、声响和灯光信号的识别;瞭望、安全航速条款;碰撞危险及避免碰撞的行动条款;狭水道及分道通航制条款;帆船条款;追越、对遇及交叉局面条款;让路船、直航船的行动及船舶间的避碰责任条款;能见度不良时的行动规则;航行值班原则;驾驶台资源管理;国际信号规则和莫尔斯信号
4	海上货物运输	船舶货物基础知识;船舶吃水、吃水差、初稳性、强度的概念、要求和计算方法;危险货物分类、特征、包装、标志、积载与隔离要求;货物单元积载与系固知识及计算;杂货运输的安全装卸与积载;杂货船配积载图编制与识读;集装箱及集装箱船知识、配积载与装运要求;固体散货装运特点与水尺计量;散粮运输特点,散装谷物船稳性核算及改善措施;石油类货物及油船的特征、配积载方法及防污染
5	船舶管理	防止海洋环境污染和防止污染程序;相关国际公约要求(含 SOLAS、MARPOL、STCW、MLC、LL1966、压载水管理公约、联合国海洋法、港口国监督等);相关国内法规要求(含《中华人民共和国海上交通安全法》《中华人民共和国海洋环境保护法》《中华人民共和国船员条例》《中华人民共和国防止船舶污染海洋环境管理条例》《中华人民共和国海船船员值班规则》等);船舶应急应变程序;船上人员管理和培训、有效的资源管理、运用决策技能和任务及工作量管理的知识
6	船舶操纵	船舶舵设备的组成、原理、特点及使用要领;船舶旋回性能,航向稳定性和保向性及其影响因素;船舶螺旋桨的作用、性能,船舶的变速性能;外力(风、流)对操船的影响以及浅水效应、岸壁效应、船间效应;船舶系泊设备的正确使用及靠离泊操作要领;锚设备及锚泊操纵;小水道、岛礁区、冰区、分道通航区的操纵要领;大风浪中的船舶操纵;船舶应急操纵与搜救

表 A–2(续)

序号	专业核心课程名称	主要教学内容
7	气象观测与分析	大气概况;气温、湿度、气压、风、空气稳定度、云、降水、雾与能见度等气象要素的定义、特征、变化规律;海浪、海流、海冰等水文要素的定义与特征;大气垂直运动、环流和局地环流;船舶水文气象观测;气团、锋、锋面气旋、冷高压、副热带高压、热带气旋等天气系统的定义、强度范围、天气特征、演变规律;强对流性天气系统的概念及特征;航海气象信息的获取与应用
8	航海英语	海图和英版航海出版物、英语航海气象资料、驾驶台航海仪器的英文说明书及操作程序的阅读;船舶操纵性能和操纵设备的用语;英版国际海上避碰规则;船舶安全、紧急设备名称和应急应变的用语;基本船体结构名称和货物作业相关的用语;船舶安全管理相关的英语知识;用英语记载航海日志和其他书表文件;标准海事用语 SMCP

4. 实践性教学环节

实践性教学环节主要包括实验、实训、实习、毕业设计和社会实践等。实践教学可以在校内实验实训室、校外实训基地等开展完成;社会实践、跟岗实习和顶岗实习可由学校组织可在航运企业船舶上开展完成。实训、实习主要包括:航行认识实习、基本安全实训、保安意识实训、负有指定保安职责实训、精通救生艇筏与救助艇实训、精通急救实训、高级消防实训、值班水手适任能力实训、航线设计、货物积载实训、航海英语听力与会话实训、船舶操纵模拟器实训、GMDSS 模拟器实训、电子海图实训、跟岗实习和顶岗实习。严格执行《职业学校学生实习管理规定》和《高等职业学校航海技术专业顶岗实习标准》。

5. 相关要求

学校应统筹安排各类课程设置,注重理论与实践一体化教学;应结合实际,开设安全教育、社会责任、绿色环保、管理等方面的选修课程、拓展课程或相关专题讲座(活动),并将有关内容融入专业课程教学;将创新创业教育融入专业课程教学和相关实践性教学;自主开设其他特色课程;组织开展德育活动、志愿服务活动和其他实践活动。

(二)学时安排

总学时一般为 2 800 学时,每 16~18 学时折算 1 学分。公共基础课学时一般不少于总学时的 25%,实践性教学学时原则上不少于总学时的 50%,其中,顶岗实习累计时间一般为6 个月,可根据实际情况集中或分阶段安排实习时间。各类选修课程学时累计不少于总学时的 10%。

八、基本教学条件

(一)师资队伍

1. 队伍结构

学生数与本专业专任教师数比例不高于 25∶1,双师素质教师占专业教师比例一般不低于60%,专任教师队伍要考虑职称、年龄,形成合理的梯队结构。

2. 专任教师

专任教师应具有高校教师资格;有理想信念、有道德情操、有扎实学识、有仁爱之心;具有航海技术相关专业本科及以上学历;具有扎实的本专业相关理论功底和实践能力;具有较强信息化教学能力,能够开展课程教学改革和科学研究;有每5年累计不少于6个月的企业实践经历。

3. 专业带头人

专业带头人原则上应具有副高及以上职称,能够较好地把握国内外航海技术行业、专业发展动态,能广泛联系行业企业,了解行业企业对本专业人才的需求实际,教学设计、专业研究能力强,组织开展教科研工作能力强,在本区域或本领域具有一定的专业影响力。

4. 兼职教师

兼职教师主要从本专业相关的行业企业聘任,具备良好的思想政治素质、职业道德和工匠精神,具有扎实的专业知识和丰富的实际工作经验,具有中级及以上相关专业职称,能承担专业课程教学、实习实训指导和学生职业发展规划指导等教学任务。

(二)教学设施

教学设施主要包括能够满足正常的课程教学、实习实训所需的专业教室、校内实训室和校外实训基地。

1. 专业教室基本条件

专业教室一般配备黑(白)板、多媒体计算机、投影设备、音响设备,互联网接入或Wi-Fi环境,并实施网络安全防护措施;安装应急照明装置并保持良好的状态,符合紧急疏散要求,标志明显,保持逃生通道畅通无阻。

2. 校内实训室基本要求

(1)船舶操纵模拟器实训室

船舶操纵模拟器实训室应配备满足《海员培训、发证和值班标准国际公约》所规定的性能标准不小于120度的视景船舶操纵模拟器1套,可模拟至少6种船型的航行和操纵性能,可实时模拟航行环境,具有船舶驾驶台所需的各种航行、定位和通信设备及其他必要设施设备,用于船舶值班与避碰、船舶操纵、驾驶台资源管理、航海仪器操作等课程的教学与实训。

(2)电子海图实训室

电子海图实训室配备服务器、投影设备、白板,上课时保证学生每人1台计算机,配备符合IMO的ECDIS性能标准(MSC 232(82)),具备ECDIS全任务、全功能电子海图模拟操作功能的模拟器20套,用于ECDIS、航海仪器操作、驾驶台资源管理等课程的教学与实训。

(3)GMDSS模拟器实训室

GMDSS模拟器实训室配备TWO-WAY VHF无线电话装置、投影设备、带DSC功能的VHF无线电话设备、搜救雷达应答器(SART)、NAVTEX接收机、自浮式卫星EPIRB设备、Inmarsat-C站、中/高频无线电设备、气象传真接收机,配有GMDSS模拟系统终端,上课时保证每2名学生1台,用于GMDSS综合业务、GMDSS设备使用、GMDSS英语等课程的教学与实训。

3. 校外实训基地基本要求

校外实训基地基本要求为：具有稳定的校外实训基地；能够开展船舶驾驶、船舶引航、港航企业服务等实训活动，实训设施齐备，实训岗位、实训指导教师确定，实训管理及实施规章制度齐全。

4. 学生实习基地基本要求

学生实习基地基本要求为：具有稳定的校外实习基地；能提供船舶驾驶、船舶引航、港航企业服务等相关实习岗位，能涵盖当前相关产业发展的主流技术，可接纳一定规模的学生实习；能够配备相应数量的指导教师对学生实习进行指导和管理；有保证实习生日常工作、学习、生活的规章制度，有安全、保险保障。

5. 支持信息化教学方面的基本要求

支持信息化教学方面的基本要求为：具有可利用的数字化教学资源库、文献资料、常见问题解答等信息化条件；鼓励教师开发并利用信息化教学资源、教学平台，创新教学方法，引导学生利用信息化教学条件自主学习，提升学习效果。

(三) 教学资源

教学资源主要包括能够满足学生专业学习、教师专业教学研究和教学实施所需的教材、图书文献及数字教学资源等。

1. 教材选用基本要求

按照国家规定选用优质教材，禁止不合格的教材进入课堂。学校应建立专业教师、行业专家和教研人员等参与的教材选用机构，完善教材选用制度，经过规范程序择优选用教材。

2. 图书文献配备基本要求

图书文献配备能满足人才培养、专业建设、教科研等工作的需求，方便师生查询、借阅。专业类图书文献主要包括：国际海事组织的各类法规、行业标准以及相关专业技术手册等；航海技术有关专业类图书、实务案例类图书和学术期刊。

3. 数字教学资源配置基本要求

建设、配备与本专业有关的音视频素材、教学课件、数字化教学案例库、虚拟仿真软件、数字教材等专业教学资源库，应种类丰富、形式多样、使用便捷、动态更新，能满足教学要求。

九、质量保障

(1)学校和二级院系应建立专业建设和教学质量诊断与改进机制，健全专业教学质量监控管理制度，完善课堂教学、教学评价、实习实训、毕业设计以及专业调研、人才培养方案更新、资源建设等方面质量标准建设，通过教学实施、过程监控、质量评价和持续改进，达成人才培养规格。

(2)学校和二级院系应完善教学管理机制，加强日常教学组织运行与管理，定期开展课程建设水平和教学质量诊断与改进，建立健全巡课、听课、评教、评学等制度，建立与企业联动的实践教学环节督导制度，严明教学纪律，强化教学组织功能，定期开展公开课、示范课等教研活动。

（3）学校应建立毕业生跟踪反馈机制及社会评价机制,并对生源情况、在校生学业水平、毕业生就业情况等进行分析,定期评价人才培养质量和培养目标达成情况。

（4）专业教研组织应充分利用评价分析结果有效改进专业教学成果,持续提高人才培养质量。

附录 B　高等职业学校轮机工程技术专业教学标准

一、专业名称（专业代码）

航海技术（600310）。

二、入学要求

普通高级中学毕业、中等职业学校毕业或具备同等学历。

三、基本修业年限

三年。

四、职业面向

本专业职业面向如表 B-1 所示。

表 B-1　本专业职业面向

所属专业大类（代码）	所属专业类（代码）	对应行业（代码）	主要职业类别（代码）	主要岗位群或技术领域举例
交通运输大类（60）	水上运输类（6003）	水上运输业（55）	道路和水上运输工程技术人员（2-02-15）；船舶指挥和引航人员（2-04-02）；水上运输设备操作人员及有关人员（6-30-04）	船舶轮机员；船舶企业机械维修技师

五、培养目标

本专业培养理想信念坚定、德智体美劳全面发展、具有一定的科学文化水平，良好的人文素养、职业道德和创新意识、精益求精的工匠精神、较强的就业能力和可持续发展能力，掌握本专业知识和技术技能、面向水上运输业的船舶指挥和引航人员、水上运输设备操作人员及有关人员等职业群，以及能够从事船舶机电设备维护管理等工作的高素质技术技能人才。

六、培养规格

本专业毕业生应在素质、知识和能力等方面达到以下要求。

（一）素质

（1）坚定拥护中国共产党的领导和我国社会主义制度，在习近平新时代中国特色社会主义思想指引下，践行社会主义核心价值观，具有深厚的爱国情感和中华民族自豪感。

（2）崇尚宪法、遵法守纪、崇德向善、诚实守信、尊重生命、热爱劳动，履行道德准则和行为规范，具有社会责任感和社会参与意识。

（3）具有质量意识、环保意识、安全意识、信息素养、工匠精神、创新思维。

（4）勇于奋斗、乐观向上，具有自我管理能力、职业生涯规划的意识，有较强的集体意识和团队合作精神。

（5）具有健康的体魄、心理和健全的人格，掌握基本运动知识和1~2项运动技能，养成良好的健身与卫生习惯，以及良好的行为习惯。

（6）具有一定的审美和人文素养，能够形成1~2项艺术特长或爱好。

（二）知识

（1）掌握必备的思想政治理论、科学文化基础知识和中华优秀传统文化知识。

（2）熟悉与本专业相关的法律法规以及环境保护、安全消防等知识。

（3）掌握机械制图、材料、电工、热工、数学、计算机基础等轮机工程技术专业基础知识。

（4）掌握国际海事组织《海员培训、发证和值班标准国际公约》和交通运输部海事局《海船船员培训大纲》中轮机管理人员所必备的专业知识。

（5）掌握主推进动力装置、船舶辅机、船舶电气、自动监测等知识。

（6）掌握船舶机电设备维护与保养相关知识。

（7）熟悉远洋船舶相关国际与国内法规、海事公约，以及海洋环境保护相关知识。

（8）掌握航运企业生产管理与船舶管理相关知识。

（三）能力

（1）具有探究学习、终身学习、分析问题和解决问题的能力。

（2）具有良好的语言、文字表达能力和沟通能力。

（3）具有本专业必需的信息技术应用和维护能力。

（4）具有海上个人求生、安全保护、防火灭火的能力，精通船上急救，能释放操纵救生艇筏，能开展船舶火灾消防行动。

（5）具有船舶保安意识，熟悉保安职责，能维护和保养保安设备，并能在遇到威胁时采取妥善的保安措施。

（6）具有机械图纸的识读能力。

（7）具有车、钳、焊、电工工艺的基本操作能力。

（8）具有船舶机电设备使用、保养、检测调试和维护修理能力。

（9）具有正确识别应变信号和使用船内通信的能力。

（10）具有应急设备操作与维护能力。

（11）具有一定的航运企业初级岗位的管理工作能力，能够开展人员管理、技术设备管理、安全自查和安全管理，能够独立承担轮机值班工作。

（12）具有涉及船员、航运及海事相关法律事件的初步分析能力。

七、课程设置及学时安排

(一)课程设置

本专业课程主要包括公共基础课程和专业课程。

1. 公共基础课程

根据党和国家有关文件规定,将思想政治理论、中华优秀传统文化、体育、军事理论与军训、大学生职业发展与就业指导、心理健康教育等列入公共基础必修课,并将党史国史、劳动教育、创新创业教育、大学语文、信息技术、高等数学、公共外语、健康教育、美育、职业素养等列入必修课或选修课。

学校根据实际情况可开设具有本校特色的校本课程。

2. 专业课程

专业课程一般包括专业基础课程、专业核心课程、专业拓展课程,并涵盖有关实践性教学的环节。学校可自主确定课程名称,但应包括以下主要教学内容。

(1)专业基础课程

专业基础课程一般设置6~8门,包括:轮机英语听力与会话、轮机工程基础、热工基础、电路与电子技术、航海概论、船舶结构等。

(2)专业核心课程

专业核心课程一般设置6~8门,包括:船舶主推进动力装置、船舶辅机、船舶电气、轮机自动化、轮机维护与修理、船舶管理(含机舱资源管理)、轮机英语等,学校可根据实际情况增加1~2门,或将相关教学内容重组成新的课程。

(3)专业拓展课程

专业拓展课程包括:海员心理学、航海文化、海员职业指导、海事管理、机械 CAD、制冷技术、计算机控制技术、船员劳动保护与社会保障等。学校也可根据实际需要进行专业拓展课程的设置。

3. 专业核心课程主要教学内容

专业核心课程主要教学内容如表 B-2 所示。

表 B-2 专业核心课程主要教学内容

序号	专业核心课程名称	主要教学内容
1	船舶主推进动力装置	船舶柴油机,总体结构的认知;柴油机活塞组件、气缸组件、曲轴与主轴承、喷油设备、换气机构与增压器的检修;船舶动力管系的操作与管理;柴油机调速与启动装置的维管;柴油机运行管理与应急处理;船用智能柴油机的基本认知
2	船舶辅机	船用泵的操作与管理;船用仪表及量具的使用;船舶辅助管系的操作与管理;活塞式空压机的操作与管理;船舶制冷装置的操作与管理;船舶空气调节装置的操作与管理;液压甲板机械的操作与管理;船舶海水淡化装置的操作与管理;船舶蒸汽锅炉的操作与管理

表 B-2(续)

序号	专业核心课程名称	主要教学内容
3	船舶电气	船舶电机与电力拖动系统的操作与管理;船舶发电机及配电系统的操作、管理及维护;船的照明及中压电力系统的操作与管理;船船电子电气设备的维修与功能测试
4	轮机自动化	自动控制技术及其应用;网络技术及其应用船舶自动化仪表操作与管理;船舶主机遥控系统的操作与管理;机舱监视与报警系统的操作与管理;机舱自动控制系统的操作与管理
5	轮机维护与修理	船舶机械维修理论基础;船机零件的损坏与维护;船舶零件的无损检测;易损件故障与修理;船机零件的修理工艺方法;柴油机在船上的安装;维修工艺(轴承、螺旋桨、舵系)
6	船舶管理(含机舱资源管理)	船舶结构与适航性控制;船舶防污染管理;船舶营运安全管理;船舶安全操作及应急处理;船舶人员管理;船舶维修管理;船舶油料、物料及各类船舶维修管理;机舱资源管理
7	轮机英语	阅读与轮机业务有关的应用文,如业务信件、备忘录、电报、设备说明书等;书写与轮机业务有关的文档,如书写机舱日志、修理单、物料单等文件资料

4. 实践性教学环节

实践性教学环节主要包括实验、实训、实习、毕业设计和社会实践等。实验实训可在校内实验实训室、校外实训基地等开展完成;社会实践、跟岗实习、顶岗实习由学校组织可在航运企业船舶上开展完成。实训、实习主要包括:企业认知实习、金工工艺实习、船舶电工工艺与电气设备实训、动力设备拆装实训、动力设备操作实训、电气与自动控制实训、机舱资源管理实训、专项技能培训（证书）、跟岗实习和顶岗实习。严格执行《职业学校学生实习管理规定》和《高等职业学校航海技术专业顶岗实习标准》。

5. 相关要求

学校应统筹安排各类课程设置,注重理论与实践一体化教学;应结合实际,开设安全教育、社会责任、绿色环保、管理等方面的选修课程、拓展课程或相关专题讲座(活动),并将有关内容融入专业课程教学;将创新创业教育融入专业课程教学和相关实践性教学;自主开设其他特色课程;组织开展德育活动、志愿服务活动和其他实践活动。

(二)学时安排

总学时一般为 2 800 学时,每 16~18 学时折算 1 学分。公共基础课学时一般不少于总学时的 25%,实践性教学学时原则上不少于总学时的 50%,其中,顶岗实习累计时间一般为 6 个月,可根据实际情况集中或分阶段安排实习时间。各类选修课程学时累计不少于总学时的 10%。

八、基本教学条件

(一)师资队伍

1. 队伍结构

学生数与本专业专任教师数比例不高于 25:1,双师素质教师占专业教师比例一般不低于 60%,专任教师队伍要考虑职称、年龄,形成合理的梯队结构。

2. 专任教师

专任教师应具有高校教师资格;有理想信念、有道德情操、有扎实学识、有仁爱之心;具有航海技术相关专业本科及以上学历;具有扎实的本专业相关理论功底和实践能力;具有较强信息化教学能力,能够开展课程教学改革和科学研究;有每 5 年累计不少于 6 个月的企业实践经历。

3. 专业带头人

专业带头人原则上应具有副高及以上职称,能够较好地把握国内外航海技术行业、专业发展动态,能广泛联系行业企业,了解行业企业对本专业人才的需求实际,教学设计、专业研究能力强,组织开展教科研工作能力强,在本区域或本领域具有一定的专业影响力。

4. 兼职教师

兼职教师主要从本专业相关的行业企业聘任,具备良好的思想政治素质、职业道德和工匠精神,具有扎实的专业知识和丰富的实际工作经验,具有中级及以上相关专业职称,能承担专业课程教学、实习实训指导和学生职业发展规划指导等教学任务。

(二)教学设施

教学设施主要包括能够满足正常的课程教学、实习实训所需的专业教室、校内实训室和校外实训基地。

1. 专业教室基本条件

专业教室一般配备黑(白)板、多媒体计算机、投影设备、音响设备,互联网接入或 Wi-Fi 环境,并实施网络安全防护措施;安装应急照明装置并保持良好的状态,符合紧急疏散要求,标志明显,保持逃生通道畅通无阻。

2. 校内实训室基本要求

(1)动力装置综合实训室

动力装置综合实训室应配备柴油机拆装设施 1 套、辅机拆装设施 1 套、柴油机陈列室 1 间、热工仪表实训设施 1 套、轮机工程基础实训设施 1 套,以及动力设备操作实训设施 1 套。相关实训设施能完成动力设备拆装实训、动力设备操作实训等。

(2)船舶电气综合实训室

船舶电气综合实训室配备船舶电站实训设施 1 套、轮机自动化控制实训设施 1 套、船舶电力推进实训设施 1 套、甲板机械拖动控制实训设施 1 套、船舶中压供配电系统实训设施 1 套、船舶电工工艺实训设施 1 套。相关实训设施能完成船电工工艺、电气测试及电气与自动控制实训等。

（3）机舱资源管理实训室

机舱资源管理实训室配备轮机仿真实训设施 1 套、轮机模拟机舱实训设施 1 套。相关实训设施能完成机舱资源管理实训。

（4）轮机维护与修理综合实训室

轮机维护与修理综合实训室配备金工工艺实训设施 1 套、船机检修实训设施 1 套，以及轴系及管系实训设施 1 套。相关实训设施能完成金、钳、焊工实训及船机检修实训。

（5）专项技能实训基地

专项技能实训基地配备基本安全实训设施 1 套、救生艇筏和救助艇实训设施 1 套、消防实训设施 1 套、急救实训设施 1 套。相关实训设施能完成基本安全实训、精通救生艇筏和救助艇实训、高级消防实训、精通急救实训、船舶保安意识实训、船舶负有指定保安职责实训等。

另外，应配置模拟消防舱、救生艇筏及其承载释放装置、相关模型和设备的展示室等以满足专项培训的相关场所设施。

3. 校外实训基地基本要求

校外实训基地基本要求为：具有稳定的校外实训基地，能够开展船舶企业机械维修等实训活动，实训设施齐备，实训岗位、实训指导教师确定，实训管理及实施规章制度齐全。

4. 学生实习基地基本要求

学生实习基地基本要求为：具有稳定的校外实习基地，能提供船舶企业机械维修等相关实习岗位，能涵盖当前相关产业发展的主流技术，可接纳一定规模的学生实习；能够配备相应数量的指导教师对学生的实习进行指导和管理；有保证实习生日常工作、学习、生活的规章制度，有安全、保险保障。

5. 支持信息化教学方面的基本要求

支持信息化教学方面的基本要求为：具有可利用的数字化教学资源库、文献资料、常见问题解答等信息化条件；鼓励教师开发并利用信息化教学资源、教学平台，创新教学方法，引导学生利用信息化教学条件自主学习，提升学习效果。

（三）教学资源

教学资源主要包括能够满足学生专业学习、教师专业教学研究和教学实施所需的教材、图书文献及数字教学资源等。

1. 教材选用基本要求

按照国家规定选用优质教材，禁止不合格的教材进入课堂。学校应建立专业教师、行业专家和教研人员等参与的教材选用机构，完善教材选用制度，经过规范程序择优选用教材。

2. 图书文献配备基本要求

图书文献配备能满足人才培养、专业建设、教科研等工作的需求，方便师生查询、借阅。专业类图书文献主要包括：国际海事组织的各类法规、行业标准，以及相关专业技术手册等；航海技术有关专业类图书、实务案例类图书和学术期刊。

3. 数字教学资源配置基本要求

建设、配备与本专业有关的音视频素材、教学课件、数字化教学案例库、虚拟仿真软件、数字教材等专业教学资源库,应种类丰富、形式多样、使用便捷、动态更新,能满足教学要求。

九、质量保障

(1)学校和二级院系应建立专业建设和教学质量诊断与改进机制,健全专业教学质量监控管理制度,完善课堂教学、教学评价、实习实训、毕业设计以及专业调研、人才培养方案更新、资源建设等方面质量标准建设,通过教学实施、过程监控、质量评价和持续改进,达成人才培养规格。

(2)学校和二级院系应完善教学管理机制,加强日常教学组织运行与管理,定期开展课程建设水平和教学质量诊断与改进,建立健全巡课、听课、评教、评学等制度,建立与企业联动的实践教学环节督导制度,严明教学纪律,强化教学组织功能,定期开展公开课、示范课等教研活动。

(3)学校应建立毕业生跟踪反馈机制及社会评价机制,并对生源情况、在校生学业水平、毕业生就业情况等进行分析,定期评价人才培养质量和培养目标达成情况。

(4)专业教研组织应充分利用评价分析结果有效改进专业教学成果,持续提高人才培养质量。

附录 C　航海类专业相关法规、技术资料参考文件目录

（一）法律法规图书清单

编号	名　称	数量	备　注
1	国际海运危险货物规则（中文）	2套	2008版,每套包括:一卷/二卷/补充本
2	巴拿马运河规则（英文）	1本	2010版
3	货物积载与系固（英文）	2本	2003版
4	国际船用医药指南（英文）	1本	第二版
5	国际信号规则（英文）	1本	
6	国际海事条约汇编（中文）	4本	第一卷2本,第九卷1本,第十一卷1本
7	STCW78/10(中英双语)	2本	
8	STCW公约马尼拉修正案（中英双语）	1本	
9	STCW公约马尼拉修正案履约指南（中文）	1本	
10	2006年海事劳工公约（中英双语）	2本	
11	国际海事公约与规则修正案选编（中英双语）	2本	
12	GMDSS设备检查手册（英文）	1本	
13	船舶电台表（英文）	3本	2004版、2007版、2009版
14	SOLAS公约（中英双语）	1本	含海商法、船员管理条例等
15	中国相关海事法规	—	所有内容均可在网络上下载
16	海船船员培训大纲（2021版）	—	可打印
17	中华人民共和国海船船员适任考试和发证规则	—	2020年第11号（交通部）
18	中华人民共和国海船船员培训合格证书签发管理办法	—	海船员〔2019〕308号
19	中华人民共和国船员培训管理规则	—	2019年第5号（交通部）
20	交通运输部海事局关于中华人民共和国海船船员适任证书及培训合格证书再有效有关事宜的通知	—	海船员〔2016〕685号

编号	名　称	数　量	备　注
21	国际船舶和港口设施保安规则(ISPS)	2 本	
22	国际船舶安全营运和防止污染管理规则(ISM)	2 本	
23	中华人民共和国船员培训和船员管理质量管理规则	—	海船员〔2019〕310 号
24	1996 年国际船舶载重线公约	—	
25	MARPOL2006 中文出版稿	2 本	
26	1972 年国际海上避碰规则(中英双语)	2 本	
27	国际海上人命安全公约综合文本	—	
28	中华人民共和国海商法	—	
29	中华人民共和国海上交通安全法	—	
30	中华人民共和国海洋环境保护法	—	
31	中华人民共和国船员条例	—	
32	国际海运危险货物规则(中文)	2 本	
33	中华人民共和国海上海事行政处罚规定	—	
34	中华人民共和国船员违法记分办法(试行)	—	
35	中华人民共和国海船船员健康证明管理办法	—	海船员〔2016〕521 号
36	国际防止船舶造成污染公约(MARPOL73/78)2011 综合文本(中英对照)	2 本	
37	中华人民共和国国际船舶保安规则	2 本	
38	驾驶台资源管理(中英双语 第二版)	2 本	
39	港口设施保安培训教程	2 本	
40	中华人民共和国国际船舶保安规则	2 本	
41	港口设施保安评估导则	2 本	
42	港口设施保安计划制订导则	2 本	
43	中华人民共和国船舶及其有关作业活动污染海洋环境防治管理规定	—	

(二)航海仪器说明书清单(仅供参考,具体按各校实际情况填写)

编号	名 称	数 量	型号/备注 (填写本校设备型号)
1	AIS 操作规程(英文)	4	
2	气象传真机操作说明书(英文)	2	
3	GPS 操作手册(英文)	4	
4	测深仪使用说明书(中文)	1	
5	测深仪使用、安装和维护说明书	1	
6	计程仪操作说明书(英文)	2	
7	安许茨系列陀螺罗经技术手册(英文)	1	
8	卫星电话使用说明(英文)	1	
9	MF/HF DSC 操作说明(英文)	1	
10	GMDSS 模拟器安装手册	1	
11	INMARSAT-C 操作指南(英文)	1	
12	INMARSAT-C 安装手册(英文)	1	
13	SSAS 使用手册(英文)	1	
14	INMARSAT-F 操作指南(英文)	1	
15	INMARSAT-F 安装手册(英文)	1	
16	VHF 安装手册(英文)	2	
17	VHF 操作手册(英文)	1	
18	电罗经操作手册(英文)	1	
19	NAVTEX 操作说明书(英文)	1	
20	SSB 无线电话操作手册(英文)	1	
21	SSB 无线电话安装说明(英文)	1	
22	数字气象仪使用说明书(中文)	1	
23	数字气象仪安装说明书(中文)	1	
24	VDR 安装说明(英文)	1	
25	打印机操作说明(英文)	1	
26	舵仪使用说明书(中文)	1	
27	船舶操纵及雷达模拟器使用说明书(中文)	1	
28	电源产品说明书(中文)	1	

(三)轮机仪器说明书清单(仅供参考,具体按各校实际情况填写)

编号	名　称	数　量	型号/备注 (填写本校设备型号)
1	船用柴油机应急消防泵使用说明书(中英双语)	2	
2	正压式消防空气呼吸器使用维护说明书(中英双语)	1	
3	电动救生(助)艇绞车使用说明书(中英双语)	1	
4	重力倒臂式吊艇架使用说明书(中英双语)	1	
5	船用起重三相异步电动机使用维护说明书(中英双语)	1	
6	船用单项异步电动机使用说明书	1	
7	WTD 同轴机械密封式单级旋涡泵使用说明书	1	
8	Y-H 系列船用三相异步电动机使用维护说明书	1	
9	船用燃油辅锅炉	1	

(四)外来文件控制清单

编号	受控文件	生效日期或文号
1	中华人民共和国教育法	2021 年 4 月 29 日
2	中华人民共和国高等教育法	2018 年 12 月 29 日
3	中华人民共和国职业教育法	2022 年 5 月 1 日
4	中华人民共和国教师法	2009 年 8 月 27 日
5	高等学校学生行为准则	2005 年 3 月 25 日
6	普通高等学校图书馆规程	2015 年 12 月 31 日
7	普通高等学校学生管理规定	2017 年 9 月 1 日
8	国务院关于印发国家职业教育改革实施方案的通知	国发〔2019〕4 号
9	1978 年海员培训、发证和值班标准国际公约(马尼拉修正案)	2012 年 1 月 1 日
10	交通运输部、教育部、财政部、人力资源和社会保障部、退役军人事务部、中华全国总工会关于加强高素质船员队伍建设的指导意见	交海发〔2021〕41 号
11	1973 年国际防止船舶造成污染公约(MARPOL73/78)	1983 年 10 月 2 日
12	1974 年国际海上人命安全公约(SOLAS)	1980 年 5 月 25 日

编号	受控文件	生效日期或文号
13	1972 年国际海上避碰规则公约	2009 年 12 月 1 日
14	中华人民共和国海上交通安全法	2021 年 9 月 1 日
15	中华人民共和国海商法	1993 年 7 月 1 日
16	中华人民共和国水法	2016 年 7 月 2 日
17	中华人民共和国行政许可法	2019 年 4 月 23 日
18	中华人民共和国护照法	2007 年 1 月 1 日
19	中华人民共和国无线电管理条例	2016 年 12 月 1 日
20	中华人民共和国船舶登记条例	2014 年 7 月 29 日
21	中华人民共和国海上交通事故调查处理条例	1990 年 3 月 3 日
22	中华人民共和国突发事件应对法	2007 年 11 月 1 日
23	国防交通条例	2011 年 1 月 8 日
24	中华人民共和国防治陆源污染物污染损害海洋环境管理条例	1990 年 8 月 1 日
25	中华人民共和国海洋环境保护法	2017 年 11 月 4 日
26	防治船舶污染海洋环境管理条例	2017 年 3 月 1 日
27	中华人民共和国船舶安全营运和防止污染管理规则	2021 年 1 月 1 日
28	关于落实《船上海洋污染应急计划》有关事宜的通知	海船舶〔2002〕326 号
29	中华人民共和国出境入境边防检查条例	1995 年 9 月 1 日
30	国际船舶安全营运和防止污染管理规则	2015 年 1 月 1 日
31	中华人民共和国船舶及其有关作业活动污染海洋环境防治管理规定	2016 年 12 月 13 日
32	中华人民共和国船舶污染海洋环境应急防备和应急处置管理规定	2019 年 11 月 28 日
33	中华人民共和国国际海运条例	2019 年 3 月 2 日
34	国内水路运输管理规定	2020 年 5 月 1 日
35	中华人民共和国海域使用管理法	2002 年 1 月 1 日
36	中华人民共和国船舶交通管理系统安全监督管理规则	1998 年 1 月 1 日
37	中华人民共和国航道管理条例	2009 年 1 月 1 日
38	中华人民共和国船员条例	2020 年 3 月 27 日
39	关于启用新版海船船员证书的通知	海船员〔2012〕825 号

编号	受控文件	生效日期或文号
40	中华人民共和国海员证管理办法	交通部〔2020〕13 号
41	中华人民共和国海事局关于启用新版海员证的公告	2019 年 12 月 20 日
42	中华人民共和国出境入境管理法	2013 年 7 月 1 日
43	交通运输部海事局关于船员办证信息远程采集有关事项的通知	海船员函〔2020〕455 号
44	中华人民共和国海事局关于"船员服务簿"记载事项的公告	2013 年 5 月 27 日
45	中华人民共和国海事局关于做好船员服务簿签发取消后衔接工作的通知	海政法〔2019〕107 号
46	交通运输部海事局关于印发《中华人民共和国海船船员健康证明管理办法》的通知	海船员〔2016〕521 号
47	船员健康检查要求	GB 30035-2021
48	中华人民共和国海上海事行政处罚规定	2019 年 6 月 1 日
49	海船船员技术档案管理办法	海船员〔2006〕541 号
50	中华人民共和国船员违法记分管理办法	海船员〔2015〕600 号
51	中华人民共和国海事局关于进一步规范船员任解职管理工作的通知	海船员〔2015〕458 号
52	中华人民共和国海事局关于调整海船最低安全配员有关事项的通知	2021 年 9 月 1 日
53	中华人民共和国国际船舶保安规则	2019 年 5 月 29 日
54	关于加强海船船员防范海盗技能培训的通知	浙海船员〔2010〕268 号
55	中华人民共和国海船船员值班规则	2020 年 7 月 6 日
56	船员考试收费标准的通知	交海发〔2016〕154 号
57	辽宁海事局关于规范船员考试相关费用支出的通知	辽海船员〔2018〕47 号
58	交通运输部海事局关于印发《船员考试费等征收管理工作规程》的通知	海征稽〔2018〕515 号
59	关于印发《中华人民共和国船员培训监督检查办法》的通知	海船员〔2010〕234 号
60	中华人民共和国海事局关于印发《中华人民共和国船员计算机终端考试管理办法》的通知	海船员〔2012〕847 号
61	交通运输部海事局关于印发《船员远程计算机终端考试管理办法》的通知	海船员〔2018〕548 号
62	中华人民共和国船员考试考场规则	2010 年 4 月 20 日

编号	受控文件	生效日期或文号
63	中华人民共和国船员培训管理规则	2019 年 6 月 1 日
64	中华人民共和国海事局关于印发《〈中华人民共和国船员培训管理规则〉实施办法》的通知	海船员〔2019〕340 号
65	中华人民共和国海事局关于印发《中华人民共和国船员培训和船员管理质量管理规则》的通知	海船员〔2019〕310 号
66	关于印发《中华人民共和国船员教育、培训和船员管理质量管理体系审核员管理规定》的通知	海船员〔2012〕173 号
67	中国人民共和国海事局关于进一步规范海船船员培训、考试和发证管理工作的通知	海船员〔2015〕596 号
68	中华人民共和国海事局关于启用新版海船船员考试题库和新版船员考试系统的通知	海船员函〔2019〕1244 号
69	中华人民共和国海船船员适任考试和发证规则	2022 年 4 月 14 日
70	《中华人民共和国海船船员适任考试和发证规则》实施办法	海船员〔2020〕282 号
71	中华人民共和国海事局关于调整海船船员理论考试事项的公告	海船员〔2013〕826 号
72	中华人民共和国海事局关于调整海船值班水手、机工英语听力与会话评估有关事项的公告	2019 年 11 月 1 日
73	海船船员培训大纲(2021 版)	2021 年 10 月 1 日
74	交通运输部办公厅关于发布《海船船员培训大纲(2021 版)》的通知	交办海〔2021〕49 号
75	交通运输部海事局关于中华人民共和国海船船员适任证书及培训合格证书再有效有关事宜的通知	海船员〔2016〕685 号
76	中华人民共和国海船船员培训合格证书签发管理办法	海船员〔2019〕308 号
77	交通运输部、教育部关于在职业院校交通运输类专业推行"双证书"制度的实施意见	交科技发〔2013〕606 号
78	中华人民共和国海事局关于公布 2019 年 1—11 月海船船员培训机构适任考试及格率的公告	中华人民共和国海事局公告 2019 年第 25 号
79	中华人民共和国海事局关于公布 2019 年 12 月—2020 年 11 月海船船员培训机构适任考试及格率的公告	中华人民共和国海事局公告 2020 年第 19 号
80	中华人民共和国海事局关于公布第一批在线办理海事电子证照及更便利船员证书办理举措的公告	中华人民共和国海事局公告 2021 年第 10 号
81	中华人民共和国海事局关于公布第二批在线办理海事电子证照的公告	中华人民共和国海事局公告 2021 年第 12 号

编号	受控文件	生效日期或文号
82	中华人民共和国海事局关于国内航行海船船员和内河船舶船员相关证书展期的公告	中华人民共和国海事局公告 2020 年第 5 号
83	中华人民共和国海事局关于明确新冠肺炎疫情防控期间开展船员线上培训有关事项的通知	海船员函〔2020〕217 号
84	中华人民共和国海事局关于统筹做好常态化疫情防控期间船员培训考试发证及其他海事监管工作的公告	中华人民共和国海事局公告 2022 年第 6 号
85	交通运输部海事局关于新冠肺炎疫情防控期间在船船员海员证签发工作的通知	海船员函〔2020〕186 号
86	中华人民共和国海事局关于中国籍国际航行船舶、船员相关证书展期的公告	中华人民共和国海事局公告 2020 年第 6 号
87	中华人民共和国海事局关于中国籍船舶、船员相关证书管理有关事宜的公告	中华人民共和国海事局公告 2020 年第 15 号
88	中华人民共和国海事局关于新冠肺炎疫情常态化防控形势下船员管理有关事宜的公告	中华人民共和国海事局公告 2020 年第 8 号
89	海船船员考试大纲（2022 版）	2022 年 7 月 5 日

参 考 文 献

[1] 新华社. 习近平同志《论党的青年工作》主要篇目介绍[EB/OL]. [2022-06-21]. http://www.gov.cn/xinwen/2022-06/21/content_5696969.htm.

[2] 习近平. 坚持中国特色社会主义教育发展道路 培养德智体美劳全面发展的社会主义建设者和接班人[EB/OL]. [2018-09-10]. http://www.gov.cn/xinwen/2018-09/10/content_5320835.htm.

[3] 中共中央, 国务院. 关于加强和改进新形势下高校思想政治工作的意见[EB/OL]. [2017-02-27]. http://www.gov.cn/xinwen/2017-02/27/content_5182502.htm.

[4] 中共教育部党组. 关于印发《高校思想政治工作质量提升工程实施纲要》的通知[EB/OL]. [2017-12-05]. http://www.moe.gov.cn/srcsite/A12/s7060/201712/t20171206_320698.html.

[5] 中共中央办公厅, 国务院办公厅. 关于深化教育体制机制改革的意见[EB/OL]. http://www.gov.cn/xinwen/2017-09/24/content_5227267.htm.

[6] 中共中央, 国务院. 中国教育现代化2035[EB/OL]. [2019-02-23]. http://www.gov.cn/xinwen/2019-02/23/content_5367987.htm.

[7] 中共中央办公厅, 国务院办公厅. 关于深化新时代学校思想政治理论课改革创新的若干意见[EB/OL]. [2019-08-14]. http://www.gov.cn/zhengce/2019-08/14/content_5421252.htm.

[8] 中共中央, 国务院. 新时代公民道德建设实施纲要[EB/OL]. [2019-10-27]. http://www.gov.cn/zhengce/2019-10/27/content_5445556.htm.

[9] 中共中央, 国务院. 新时代爱国主义教育实施纲要[EB/OL]. [2019-11-12]. http://www.gov.cn/zhengce/2019-11/12/content_5451352.htm.

[10] 中共中央, 国务院. 关于全面加强新时代大中小学劳动教育的意见[EB/OL]. [2020-03-26]. http://www.gov.cn/zhengce/2020-03/26/content_5495977.htm.

[11] 中共中央办公厅, 国务院办公厅. 关于全面加强和改进新时代学校体育工作的意见[EB/OL]. [2020-10-15]. http://www.gov.cn/zhengce/2020-10/15/content_5551609.htm.

[12] 中共中央办公厅, 国务院办公厅. 关于全面加强和改进新时代学校美育工作的意见[EB/OL]. [2020-10-15]. http://www.gov.cn/zhengce/2020-10/15/content_5551609.htm.

[13] 国务院办公厅. 关于进一步支持大学生创新创业的指导意见[EB/OL]. [2021-10-12]. http://www.gov.cn/xinwen/2021-10/12/content_5642108.htm.

[14] 教育部. 高等学校课程思政建设指导纲要[EB/OL]. [2020-06-01]. http://www.moe.gov.cn/srcsite/A08/s7056/202006/t20200603_462437.html.

［15］ 中共中央，国务院. 交通强国建设纲要［EB/OL］. ［2019-09-19］. http://www. gov. cn/zhengce/2019-09/19/content_5431432. htm.

［16］ 交通运输部，教育部，财政部等. 关于加强高素质船员队伍建设的指导意见［EB/OL］. ［2021-05-07］. https://xxgk. mot. gov. cn/2020/jigou/haishi/202105/t20210507_3586585. html.

［17］ 国务院. 国家职业教育改革实施方案［EB/OL］. ［2019-02-13］. http://www. gov. cn/xinwen/2019-02/13/content_5365377. htm.

［18］ 中共中央，国务院. 关于完整准确全面贯彻新发展理念做好碳达峰碳中和工作的意见［EB/OL］. ［2021-10-24］. http://www. gov. cn/zhengce/2021-10/24/content_5644613. htm.

［19］ 国务院. 2030 年前碳达峰行动方案［EB/OL］. ［2021-10-26］. http://www. gov. cn/xinwen/2021-10/26/content_5645001. htm.

［20］ 刘育锋. 绿色技能开发诉求、方法及建议:可持续发展背景下的全球绿色技能战略论坛综述［J］. 中国职业技术教育,2022(28):98-103.

［21］ 中国船级社. 智能船舶规范［EB/OL］. ［2019-12-03］. https://www. ccs. org. cn/ccswz/articleDetail? id=201900001000009739.

［22］ 工业和信息化部，交通运输部，国防科工局. 智能船舶发展行动计划(2019—2021年)［EB/OL］. ［2018-12-30］. http://www. gov. cn/xinwen/2018-12/30/content_5353550. htm.

［23］ 交通运输部. 2020 年中国船员发展报告［EB/OL］. ［2021-06-25］. http://www. gov. cn/xinwen/2021-06/25/content_5620861. htm.

［24］ 中华人民共和国海事局. 1978 海员培训、发证和值班标准国际公约马尼拉修正案:中英文对照［M］. 大连:大连海事大学出版社,2010.

［25］ 中华人民共和国海事局.《中华人民共和国船员培训管理规则》实施办法［EB/OL］. ［2022-05-22］. http://www. qmc. edu. cn/info/1324/10545. htm.

［26］ 交通运输部. 中华人民共和国海船船员适任考试和发证规则［EB/OL］. ［2020-07-14］. https://xxgk. mot. gov. cn/2020/jigou/fgs/202007/t20200714_3431084. html.

［27］ 中华人民共和国海事局. 中华人民共和国船员培训和船员管理质量管理规则［EB/OL］. ［2022-05-22］. https://www. msa. gov. cn/page/article. do? articleId=793D38A1-8085-4201-BC05-560BBB62E16E.

［28］ 中国人大网. 中华人民共和国职业教育法［EB/OL］. ［2022-04-20］. http://www. npc. gov. cn/npc/c30834/202204/04266548708f44afb467500e809aa9cf. shtml.

［29］ 国务院办公厅. 关于深化产教融合的若干意见［EB/OL］. ［2017-12-19］. http://www. gov. cn/xinwen/2017-12/19/content_5248592. htm.

［30］ 教育部. 关于职业院校专业人才培养方案制订与实施工作的指导意见［EB/OL］. ［2019-06-11］. http://www. moe. gov. cn/srcsite/A07/moe_953/201906/t20190618_386287. html.

［31］ 教育部，国家发展改革委，工业和信息化部等. 职业教育提质培优行动计划
（2020—2023 年）［EB/OL］.［2020-09-23］. http：//www. moe. cn/srcsite/A07/
zcs_zhgg/202009/t20200929_492299. html.

［32］ 中共中央，国务院. 深化新时代教育评价改革总体方案［EB/OL］.［2020-10-13］.
http：//www. gov. cn/zhengce/2020-10/13/content_5551032. htm.

［33］ 中共中央办公厅，国务院办公厅. 关于推动现代职业教育高质量发展的意见［EB/
OL］.［2021 - 10 - 12］. http：//www. gov. cn/zhengce/2021 - 10/12/content_
5642120. htm.

［34］ 中共中央办公厅，国务院办公厅. 关于深化现代职业教育体系建设改革的意见
［EB/OL］.［2022 - 12 - 21］. http：//www. gov. cn/zhengce/2022 - 12/21/content_
5732986. htm.

［35］ 秦黄辉,施祝斌,乔红宇. 基于"海上教学工厂"的校企合作育人模式探究［J］. 职业技
术教育,2018(29):12-14.